位於開羅伊斯蘭教地區的清真寺喚拜塔（尖塔）；
開羅是號稱是有一千棟喚拜塔的「千塔之城」。

位於伊朗宗教都市庫姆（Qom）的拱北（聖者陵墓），女性們正進行齋戒月結束後的禮拜。庫姆是伊朗國教十二伊瑪目派（什葉派中最大派系）的聖地。

在突尼西亞的結婚典禮上，女性們正在準備用來招待賓客的庫斯庫斯（Couscous）。

在伊朗大不利茲（Tabriz）的市集遇到的母親和小嬰兒。

在埃及開羅的舊市區，在某間咖啡店內抽著水菸的男性；
經常光顧的小貓正在椅子上打瞌睡。

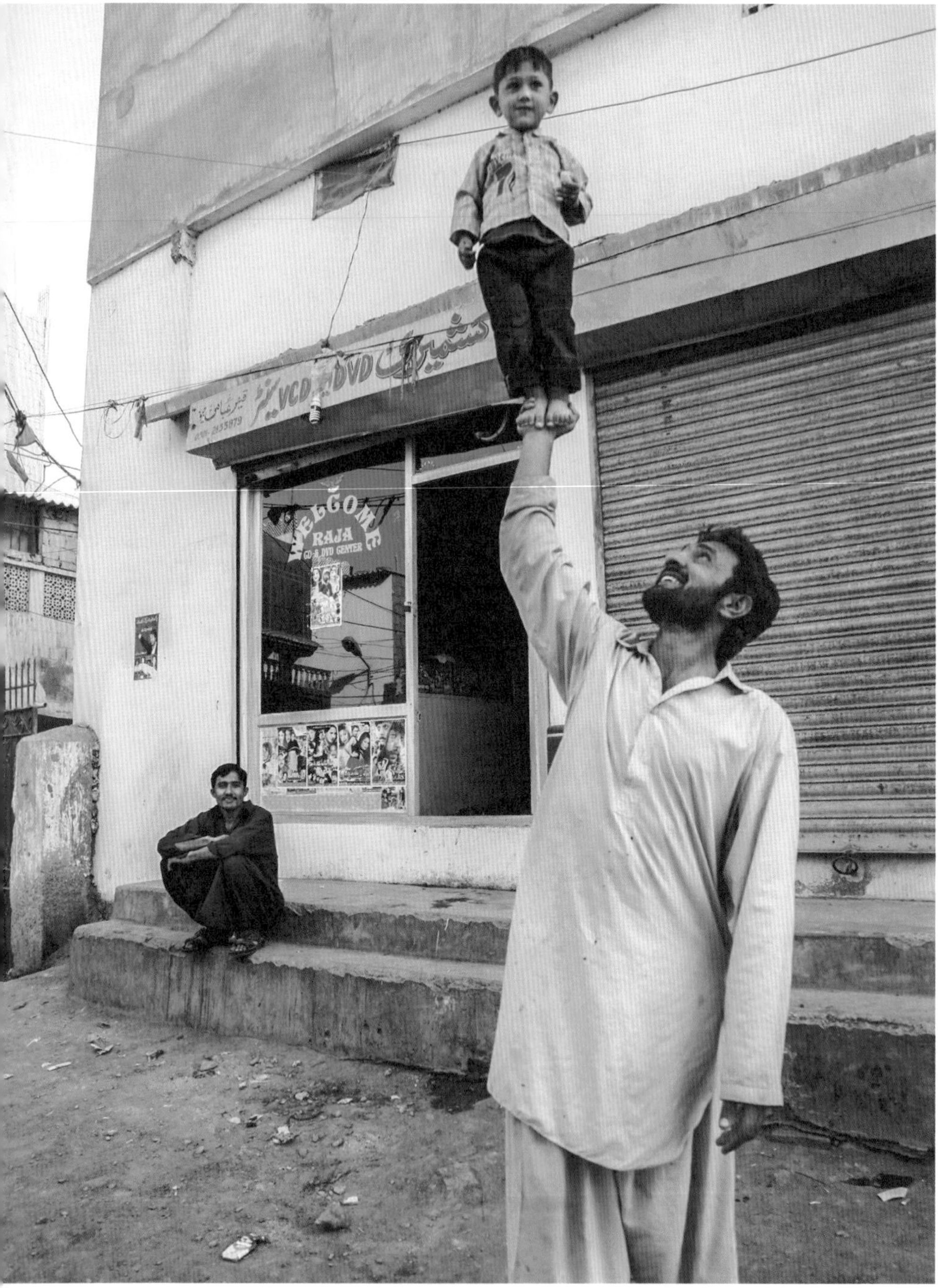

在巴基斯坦喀拉蚩的巷弄內，與孩子玩「飛高高」的父親。

在巴基斯坦的拱北（聖者陵墓）內，詠頌部分古蘭經的女性們。

位於伊朗西菈子（Shiraz）的莫克清真寺（Nasir al-Mulk Mosque），窗戶鑲著彩色玻璃，光線穿透窗戶，描繪出美麗的圖案。

埃及的一對姊妹花，當我將鏡頭對準她們時，
妹妹立刻做出逗趣的表情。

イスラム流　幸せな生き方 世界でいちばん シンプルな暮らし

伊斯蘭式幸福

面紗與頭巾下的真實日常，世界上最純粹的生活信仰

深植人心的信仰描述

有幸接獲編輯的邀約，有機會閱讀了常見藤代女士撰寫《伊斯蘭式幸福》中文版，要謝謝城邦出版的魄力，和中文譯者的努力。不同文化與不同語言的表達是有一定的差距，確實是一件了不起的工作。更感佩一位日本的女士，從非學術專業研究的角度紀錄了她長期在「伊斯蘭世界」或「伊斯蘭國度」旅行與生活的見聞。雖然常見女士不免於「人云亦云」，敘述了一些伊斯蘭世界的迷信、世俗生活萬象，但是她也洞察了我們一般人對於「宗教」的瞭解，顯然與穆斯林奉行的信仰不同。因為伊斯蘭主張「信仰就是生活」，必須將信仰貫徹在我們人生的細節裡面。每個人都有責任，處理好自己與造物主的關係，還有自己與周邊人群的關係。

常見女士書中描述的伊斯蘭世界仍然是來自傳統舊世界中的印尼、孟加拉、巴基斯坦、伊朗、土耳其、埃及、突尼西亞、摩洛哥；事實上還有廣大的中亞、東南亞、中國內地和非洲。這是從不同的角度來觀察今日的大千世界；常見女士也提出了不同的比較和不同的結論供讀者參考比較。

我們從書中的描述，同樣見證了人性的光輝與黑暗，穆斯林也是人，擁有人類共同的特性。從一些描述穆斯林對「聖者」陵墓的頂禮膜拜，到描述乞討的惰性，這些都是明顯違背伊斯蘭信仰的事物，但是也都被寬容的共存，雖然顯示伊斯蘭的寬容多元共存，沒有強迫；但是也顯示了當地政府或公權力的缺失。大千世界就是一個競爭的世界，道德良知與倫常都是人類社會的生活基礎，每個人能達成的目標，是沒有上限的。

伊斯蘭尊重人本永續經營、信仰堅定、言行一致、團結互助、中庸寬容、均衡多元；因此從先知穆罕默德在西元七世紀宣導的宗教信仰，逐漸發展成領先世界十餘世紀的燦爛文明。但是顯然伊斯蘭的教誨促使服膺者昌，悖逆者亡，當穆斯林只遵奉一部分教義，而放棄一部分教義時，必然出現不均衡的情況。加上近代數百年的殖民主義、帝國主義對伊斯蘭世界造成的重大創傷與蓄意散播的誤解，致使至今仍有許多人與伊斯蘭有著許多隔閡。

從書中描述伊斯蘭信仰的深植人心，我們相信伊斯蘭在傳媒科技發達的現代，必然能再度呈現新貌。藉由不同文化的交流、擦撞，可以逐漸跨越種族、語言、文化與地域的隔閡，再度為人類文明做出更多的貢獻。

趙錫麟／國立交通大學通識中心兼任助理教授
（教授「伊斯蘭文明」課程）

自序

歷時超過二十年，我造訪了眾多伊斯蘭教地區的家庭。

這是身為伊斯蘭・民族攝影師（＊）的我所從事的工作。

從二〇〇三年開始，我與獨自在沙漠中過著游牧生活的女性一起生活，並寫下《女性游牧民族獨自在沙漠中生活》（女ノマド、一人砂漠に生きる）這本書。過往曾經兩度在埃及生活，每年前往伊斯蘭教的世界三次。我將旅途中的體驗寫成一本旅遊散文《一個女生，獨自展開了伊斯蘭之旅》（女ひとり、イスラム旅）。此外，與埃及少年一家人共同生活的照片繪本《埃及 艾哈邁德，每天都精彩豐富！》也已經出版。

「只要一起生活就可以更深入認識他們。」這不過是表面上的理由，我純粹是因為對他們很感興趣。他們住什麼樣的房子？吃什麼樣的食物？睡在什麼樣的房間？等等。

然而，當我這麼說的時候，十之八九會被這麼問。

「妳是怎麼認識當地人的？」「有事前跟對方預約嗎？」

大部分的情況，都是我在當地偶然間認識的人。

聽我這麼一說，大家都會驚訝地問：「這樣不是很危險嗎？」其實，身為穆斯林的人們，都是熱情歡迎且接納外地人的溫和人士。就是因為對那種宛如全身被包覆住一般的溫情心生嚮往，才會忍不住一再前往當地。

我在印度的時候行李被偷，在義大利遇到扒手，在美國則是大半夜迷路。總是陷入險境的我，在伊斯蘭世界卻完全沒有遇到任何驚險的場面。

比較可憐的是跟我這種人結婚的丈夫。

被問到：「你太太從事什麼工作？」時，只要一說出「她常常去中東地區拍照……」，對方第一時間的反應就是「咦！她是戰地攝影師嗎？」

「沒問題吧？」

「不會被綁架吧？」

雖然有為我擔心的人，似乎也有「如果被抓走必須自己負責」嚴肅看待這件事的人。

這也難怪，因為電視和報紙上盡是戰爭和恐怖攻擊的新聞，人們的日常生活幾乎完全沒有報導出來。

極端組織「伊斯蘭國」（ＩＳ）在全世界各地策動恐怖攻擊，日本人也成了人質，所以大家認定「伊斯蘭教＝綁架」這也是無可厚非的事。

電視上播出的盡是必定用黑布罩住臉的女性，或是滿臉鬍子手持槍砲的男人們。有時候會看到天房（Kaaba）的周圍擠滿好幾萬人，一圈又一圈包圍著它的畫面。如果告訴大家其實天房裡面什麼都沒有，或許大家又會覺得「真是的，伊斯蘭教果然很莫名其妙。」

大家對伊斯蘭教的印象就是「總是進行恐怖攻擊的暴力性宗教」、「女人用黑布包著臉，足不出戶」、「嚴格規定不能喝酒的宗教」對吧？

其實伊斯蘭教是高度重視女性，對窮人和老人等弱勢族群非常和善的宗教。古蘭經中也提到「要幫助旅行者」，對於性慾、金錢慾、物慾、食慾等人類所有的欲望都很寬容，伊斯蘭教絕對不是只有嚴格規範的宗教而已。到目前為止，我跟超過一百個家族一起生活，就近觀察身為穆斯林的人們平常的生活方式後，有了這樣的感想。

我預測到了二〇五〇年，世界上每三個人之中就會有一個人是穆斯林。

為什麼會如此大量增加呢？

如果只是「發動恐怖攻擊的暴力性宗教」的話，絕不可能持續增加這麼多信徒。

我會在本書中詳細介紹，伊斯蘭教的教義會讓人們變得幸福的原因。正是這個時局之下，有人想要稍微了解關於伊斯蘭教的事。我就是為這樣的人寫下這本書的。

伊斯蘭教是什麼樣的宗教？本書中以淺顯易懂的方式介紹，希望夾雜著我在當地的實際體驗，成為一本不會讓大家感到負擔的入門書。

如果讀者可以一手握著啤酒，想著「對了！伊斯蘭教規定不可以喝酒，這樣活著還有什麼樂趣呢？」一邊閱讀本書，這是我最感到開心的事了。

註記

本書中引用的古蘭經，沒有特別標註的部分都是引用《古蘭經》（コーラン上・中・下／岩波文庫・井筒俊彥譯）的內容。

（＊）所謂民族攝影師是指，融入某個社會或團體中，記錄當地生活與文化的工作者。

第1章 穆斯林的想法

大家都相信後世

伊斯蘭教是「生存法則」

第2章 不嚴苛的伊斯蘭教

宗教中沒有苦行

第3章 對弱者的關懷

施捨給貧窮的人

女性如寶石一樣重要

第4章 家族之間的羈絆

結婚是人生的一半

先有愛情？還是先結婚？

第5章 伊斯蘭與日本

從伊斯蘭社會看日本

俄羅斯
哈薩克
吉爾吉斯
塔吉克
阿富汗
巴基斯坦
印度
孟加拉
汶萊
馬來西亞
印度尼西亞
馬爾地夫
新加坡
伊斯蘭教人口比例
80％～
50％～
10％～
0％～

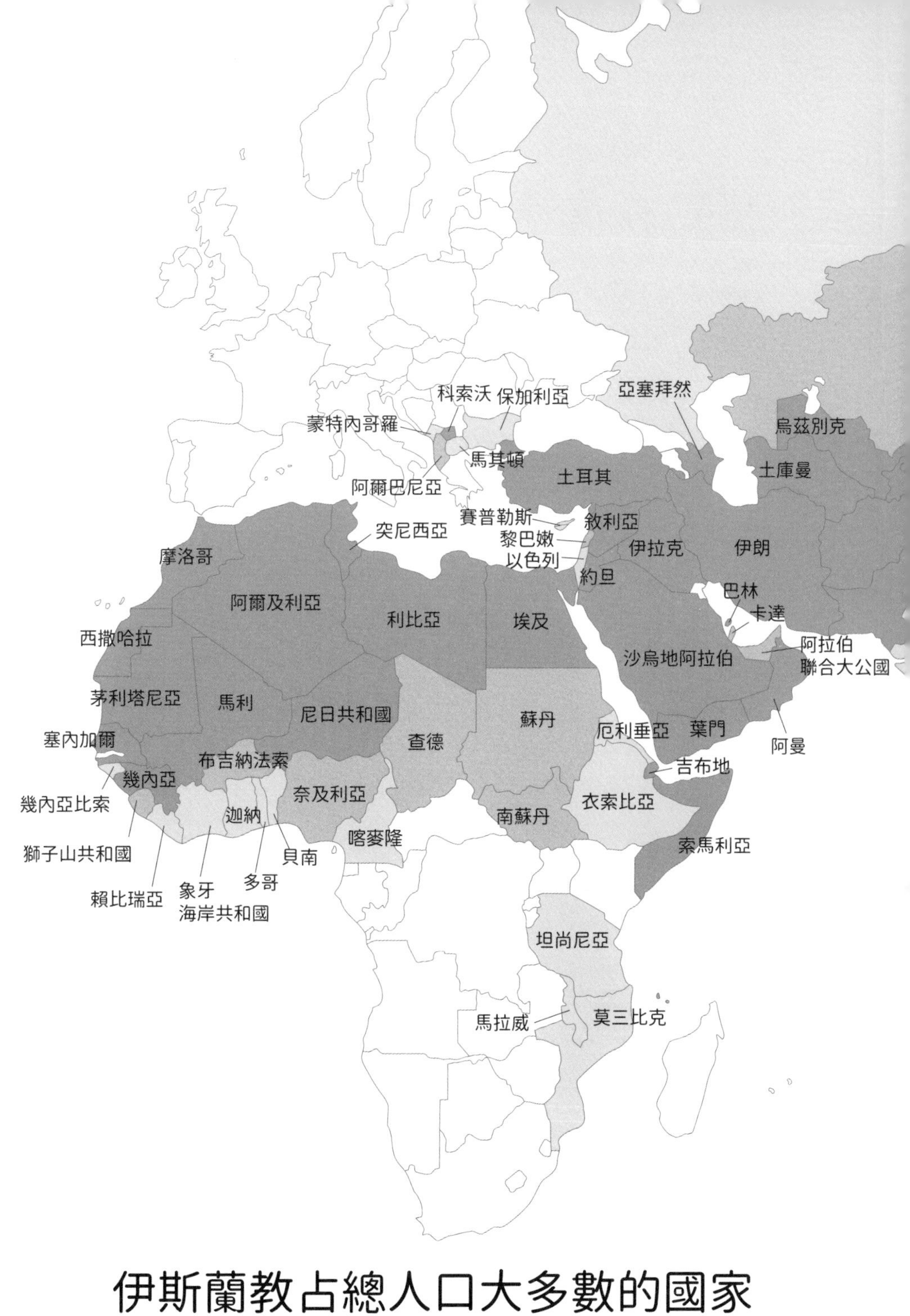

伊斯蘭教占總人口大多數的國家

Chapter 1

穆斯林的想法

位於埃及開羅伊斯蘭教地區的阿茲哈爾清真寺

大家都相信後世

不看減肥或運動書，愛讀古蘭經

「要加糖嗎？妳的長相非常甜美呢！」

在埃及的咖啡店裡，服務生對我說過好幾次這樣的話。

如果在當地的咖啡店點紅茶，他們會加很多砂糖之後，再端出來。加三匙糖是理所當然的，感覺像是在喝咖啡色的砂糖水一樣。

我實在無法接受這樣的飲料，所以特地強調我「不要加糖」。

當地的人一天要喝五到六杯這樣的紅茶，而且料理也加了大量的油和奶油。理所當然，就成了肥胖和糖尿病的高風險族群。

他們吃晚餐的時間很晚。在伊朗的時候，我曾經見過半夜十二點才吃晚餐的狀況，而且端出來的是加了大量奶油的餐點，怎麼想都會對身體造成負擔。

為什麼他們不願意注重健康呢？

我長期在伊斯蘭世界旅行，從來沒有看過有人在街上慢跑。不僅如此，為了盡量不要走路，出入都騎乘駱駝。即使只需要走兩三分鐘的路程，他們也會選擇搭乘巴士。

就連爬公寓的樓梯都嫌麻煩。

我以前曾經在開羅租了一間公寓，當時有一件事讓我相當震驚。公寓樓下有一個市場，而公寓竟然沒有電梯。

當地居民們買東西的時候該怎麼辦呢？他們的方式居然是用繩子綁著一個籃子從陽台垂下去，把錢放在籃子裡，接著對著樓下的小販說：「喂！我要買一公斤馬鈴薯。」（當地蔬菜水果以公斤為銷售單位）小販收了錢之後，就把馬鈴薯放進籃子裡，然後籃子的主人慢慢地把籃子拉上去，這樣的情景是家常便飯。

而我，雖然現在居住的大樓裡有電梯，但因為平常運動不足，所以我刻意選擇爬樓梯。如果是穆斯林看到像我這樣的人應該很難理解吧！

上述內容多年來一直讓我百思不得其解，但是如果以「宗教」為主軸思考的話，謎團就解開了。

他們並未將重心放在「健康」這件事情上。

那麼他們的重心放在哪裡呢？答案是「後世」。穆斯林幾乎百分之百相信有後世。

雖然穆斯林的義務是一天做五次禮拜，在齋戒月的時候禁食，不過還是有人不會跟著這麼做。但是不會有人不相信後世的存在！所有人都深信，死後會前往天國。

所以最重要的不是現世，而是後世。

〈人們因現世的生活而感到歡喜，然而比起後世的生活，現世的生活不過只是一種暫時的享受。〉（古蘭經第13章26節）

所以比起身體健康和長命百歲，他們對於前往天國這件事比較感興趣。與其食用對身體健康有益的食物，或是從事適度運動保持健康，他們更希望前往天國，並永遠過著快樂的生活。

當然他們也認為健康是一件好事，不會積極地想讓自己生病。但是他們並不會為了長命百歲而忍耐不食用最喜愛的砂糖和奶油。因為對後世抱持著絕對的信賴感，即使英年早逝也不會感到懊悔。同時為了得以進入天國，每天積極地行善。

一天進行五次禮拜，對貧窮的人布施，在齋戒月禁食。相反地，如果盡是做壞事的話是會墮入地獄的。

幾乎所有日本人都不相信有後世，所以盡其所能希望在現世活得健康又長壽。只要電視節目上介紹「吃納豆可以長命百歲」就會每天吃納豆；聽說「洋蔥可以降低血壓」於是每天吃洋蔥。平常就養成慢跑、上健身房和游泳的習慣。

由醫師執筆，提到「光是走路就可以變健康」或是「不會罹患癌症的飲食」等名為「醫生不告訴你的事」這類書籍銷售長紅。但是比起這些，穆斯林寧可多花一點時間閱讀古蘭經。

感官的天國，關心「美酒」與「處女」

我們也同樣希望「死後可以前往天國」。但是如果被問到「天國是什麼樣的地方？」應該沒有幾個人可以明確回答吧？

不過，穆斯林對此的回應非常明快。因為古蘭經中不斷寫著天國和地獄是什麼樣的地方。在天國可以盡情暢飲「美酒」，並且盡情地和「天國的處女」發生性行為。

〈有人以杯子在他們之間依次傳遞，杯中滿盛醴泉（天國的湧泉會湧出取之不盡的美酒），顏色潔白（清純），飲者無不稱為美味；（不同於現世的酒）醴泉中無麻醉物，他們也不會因它而酩酊；他們將有不視非禮的、擁有美貌與美目的伴侶。〉（古蘭經第37章45節～48節）

〈眾多的水果和美味飲料，都是取之不盡的。〉（古蘭經第38章51節）

〈在椅背高起的臥床上（在那裡與天上的處女妻子們交歡）。我（安拉）已為她們創造了新的生命（不同於人世間的女性是由雙親生養，而是為了這個目的特地創造出來的女人。）使她們成為純潔的處女。她們是年齡相仿的，可愛的伴

侶。〉（古蘭經第56章34～37節）

……當中充滿了感官的愉悅。雖然伊斯蘭教禁酒，但是只要前往天國就可以無限暢飲，而且還是比現世的酒更加美味的酒。只要這麼想，在現世禁酒也就沒麼大不了的。

安拉為男女都準備了各自的天國。〈無論男女，只要是虔誠行善的信士，都將進入樂園。〉（古蘭經第4章124節）

另一方面，地獄又是什麼樣的地方？

那裡充滿著熊熊燃燒的火焰。被燒焦的皮膚脫落後再生，又一次被燒焦……不斷地循環。

而且後世是永恆的。如果墮入地獄的話就會永遠不斷地被火燒。光是想像就覺得很恐怖，任誰都不想去地獄，所以大家都行善。

如果世上盡是這樣的人，這個世界就會變得祥和了不是嗎？

實際上，沒有比伊斯蘭教地區更安全的地方了。雖然有扒手和強盜，但卻很少發生凶惡的犯罪事件。

在埃及北部城鎮蘇伊士的市場內進行夜間禮拜的男士們，
他們脫下鞋子在草蓆上進行禮拜儀式。

比起警察，更加恐懼安拉

如果做了好事就可以前往天國，話是這麼說沒錯，但人類沒辦法一直持續做好事。有時候還是會偷懶，沒有做禮拜，或是在路上撿到錢包而沒有送到警察局，悄悄地占為己有。

（只要沒有被安拉發現就沒關係吧？）

這種想法太天真了。古蘭經中多次寫道「安拉知曉一切」。

具體來說，「天使」每天都在確認人們的行動。據說每個人的右肩上都有一個記錄善行的天使，左肩上則有一個記錄惡行的天使。

最後，到了終末之日，人會在安拉的面前進行審判，如果善行比較多就可以前往天國。

所以比起警察，安拉更加令人敬畏。即便是不進行禮拜和齋戒的穆斯林，還是堅定地相信安拉。「我們不做壞事不是因為害怕警察，而是因為敬畏安拉。」

但是，真的有安拉存在嗎？

依據身為穆斯林的友人所述，「當好事發生的時候，想著『果然是安拉在守護著我』和『這不過是偶然的』，哪一種比較令人開心呢？」

身為日本人、華人也會在正月的時候前往神社、廟宇參拜祈願。像是「請保佑我今年一定可以順利結婚。」或是「讓我順利在公司升遷！」之類的，許願的對象就是神。

只是，我們只有在正月的時候才會想起神的存在，但是穆斯林隨時隨地都掛念著安拉。

〈我（安拉）確曾創造了人，我知道他的靈魂對他悄悄建議的事，因為我比他們脖子上的血管（比喻最親近、最親密的東西）更接近他們。〉（古蘭經第50章16節）

人類是脆弱的生物

伊斯蘭教中，安拉創造並決定了這個世界上所有東西，人們則全面性地遵從安拉的旨意。話說回來，伊斯蘭這個字的意義就是「一切事情都委託給安拉」，穆斯林則是「一切都委託給安拉的人」的意思。於是安拉成為「唯一」，這就是伊斯蘭教的大原則。

未來也是安拉所決定的。巴基斯坦的友人說：「人一生之中呼吸幾次，都是透過安拉決定的。」

所以談到未來的事情時，一定會加上「托靠主」inshallah 這句話。古蘭經提到，〈對於任何事你不要說『我將在明天去做，』除非同時也說『托靠主』。」（古蘭經第18章23節、24節）

這句話最常在搭乘計程車的時候使用。當我說完目的地的時候，司機會回覆「托靠主」。剛開始我以為是「能否抵達目的地是靠安拉的旨意，真是不可靠……」

但是人生中會發生什麼事不得而知。或許因為突發事故，車子拋錨等狀況而無法抵達目的地。實際上，我就曾經有過在巴基斯坦北部搭共乘計程車時，途中被迫下車的經驗。因為連日豪雨導致河川氾濫，道路遭到破壞的緣故。

儘管如此，並非「人的努力都是無用的，所以不需要努力」，而是「有些事情即使盡了最大的努力，依然無法改變結果」的意思。因為人類是脆弱的，人類的力量是有限的。

〈你也不要在大地上傲慢橫行。你不能（擁有）踏碎大地那般（的蠻力），也不能生長得與山岳齊高。〉（古蘭經第17章37節）

反倒是有「務必要做什麼」這樣的煩惱是很痛苦的；「該做的都已經做了，接下來就交給安拉。」有這種平靜的想法比較輕鬆。這正是「命運天注定」的寫照啊！

穆斯林在面臨某種失敗的時候，也會怪在安拉的身上。像是考試落榜、被裁員等等。如果是日本人一定會覺得「是自己努力不夠」而感到自責，但是穆斯林則以「這是安拉的旨意」作結。

埃及的友人已經生了七個孩子，雖然有避孕，沒想到還是懷孕了。最後以「這是安拉的贈禮」而決定生下來。伊朗的朋友則是很想要小孩，接受不孕症治療，最後還是沒有成功。「因為這是安拉的旨意」而欣然接受這樣的結果，決定夫妻兩人廝守一生。

只要發生了令人感到不愉快的事，就歸咎於安拉。不需要過度責怪自己。大家都說伊斯蘭教世界的自殺率很低，應該也跟這樣的想法有關吧！

伊斯蘭教是「生存法則」

生活的重心是伊斯蘭教

如果要以一句話來表現伊斯蘭教的話，就是「生存法則」，它規範了日常生活中所有事情的行為準則。打從做禮拜一直到商業買賣、結婚、繼承，甚至是人際關係。

（這樣簡直就不像宗教！）

沒錯。跟日本人所想的「宗教」是截然不同的東西。

對我們來說，「宗教」是與日常生活切割開來的。

但是伊斯蘭教卻是生活的重心。因為它是指導日常所有事情應該如何採取行動的行為準則。

聖典《古蘭經》（Quran）中記載著這些「生存法則」。在此，我先簡單介紹古蘭經是什麼，隨後再針對「生存法則」加以著墨。

《古蘭經》是「安拉的語言」

伊斯蘭教誕生於七世紀的阿拉伯半島，始於造物主最後的先知穆罕默德。他於西元五七〇年誕生於麥加，四十歲左右的時候接收到來自安拉的最初啟示。隨後二十二年之間他持續接受到啟示，並將其傳授給自己的弟子。因此他被稱為「先知」（安拉的使者）。所謂的「預言」就是「交付保管的語言」的意思。為了將安拉的語言傳給人們，他也被稱為「使徒」。而將這些安拉的語言集結而成的就是古蘭經。

古蘭經，阿拉伯語字面上的意思是「誦讀」，也就是「應該發出聲音閱讀」的意思。所以不僅是默念，發出聲音詠頌才是正確的閱讀方式。

這部經典中寫著唯一的安拉的許多事蹟、對安拉的敬畏與感謝、最後的審判、信徒日常應該做的事、生活的準則等。全部共有一百一十四章，一章又分成好幾個小節。但是，古蘭經並不會在一個章節中統整同樣主題或是同一個時代的故事。

古蘭經使用阿拉伯語寫成，全世界的穆斯林都直接閱讀原文。因為是安拉的語言，不可以加以翻譯。雖然日本岩波文庫出版了日文翻譯版，但正確來說應該是「古蘭經解譯書」而非《古蘭經》。

另一方面，也有人完全背誦古蘭經的所有內容。這樣的人被稱為「哈菲茲」（記誦之人），有一種說法是，全世界各地大約有一百萬這樣的人。「正因為有這麼多哈菲茲存在，如果哪天發生天災或是戰爭，導致古蘭經不幸被燒毀時，可以重新抄錄古蘭經。」身為穆斯林的友人自豪地這麼說。

當然，世界上也有很多不懂阿拉伯文的穆斯林，所以並不是所有的穆斯林都閱讀了古蘭經全文。儘管如此，透過清真寺內的講道和學校的宗教課程，還是讓大家都學到了重要的內容。

有人說「古蘭經是宛如日本憲法一般的經典」。即使沒有閱讀全文還是知道它的理念，這個比喻應該會比較接近吧！

然而，兩者之間其實有著重大的不同。首先，因為古蘭經是安拉的語言所以不可變更，但是憲法是人制定的法律，所以若想要變更的話就可以變更。

信徒對於「安拉的語言」沒有抱持任何懷疑。比方說一夫多妻制，女性可能會覺得「這是很奇怪的事」，但事實上並不會發生這種事情。

因為古蘭經是非常神聖的經典，「在廁所裡閱讀古蘭經」是絕對不被允許的。有人總是用包巾謹慎地包著古蘭經，而且大部分人都會在家中客廳裡恭敬地擺放著古蘭經。

更進一步來說，古蘭經如同接下來所詳述的，記載了生活指南等「生存法則」，並且深入日常生活之中。虔誠的穆斯林總是隨身攜帶古蘭經，並且認真閱讀。搭乘電車時，一定會看到至少一個人在閱讀古蘭經。但是如果在日本的電車上看到有人認真鑽研日本憲法，應該會是一件非常奇怪的事情。

古蘭經的「生存法則」

古蘭經裡寫著「生存法則」，最具代表性的是被稱為「六信五功」的內容。也就是必須堅信的六件事，以及必須執行的五件事。

「六信」分別是：①安拉／真主、②天使、③經典、④先知、⑤後世、⑥前定。

「五功」分別是：①信仰作證、②禮拜、③天課、④齋戒、⑤朝聖／朝覲。我在書中寫道，穆斯林們都百分之百相信安拉和後世，因為這是信徒的基本義務。

接著分別說明「五功」的內容如下：

①信仰作證

以阿拉伯文宣示「除了安拉以外沒有其他神，穆罕默德是安拉的使徒。」異教徒改信伊斯蘭教時，只要在兩位男性證人的面前執行就可以了。在伊斯蘭教世界大部分區域，會由雙親在剛出生的嬰兒耳邊詠頌這句話。

②禮拜

一天五次，朝向麥加的方向進行禮拜。五次分別是在天亮前、正午過後、下午、日落後、夜晚。禮拜的地點不拘。不會因為在清真寺內進行禮拜價值就比較高。禮拜的語言（阿拉伯語）和動作是固定的，而且全世界的穆斯林共通。

③天課

將收入的一部分分享給貧窮的人。（在本書第105頁介紹）

④齋戒

齋戒月（伊斯蘭教曆法9月）這一個月期間禁食。除了飲食之外，也禁止性行為。（在本書第78頁介紹）

⑤朝聖

一生一次，在伊斯蘭教曆法12月前往最大的聖地麥加進行朝聖（朝覲）。這趟朝聖被稱為「大朝聖」，其他時間進行的朝聖則稱為「副朝」。

其他古蘭經中記載的「生存準則」也包含這樣的內容。

・對父母仁慈，不可以殺人。
・可以吃的東西、不能吃的東西。
・平常穿怎樣的服裝打扮比較適當？
・小孩出生後，應該哺乳幾年？
・結婚時支付麥亥爾（聘儀）。
・妻子生理期的時候可以發生性行為嗎？
・是否應該收利息？

也有與日常生活禮儀相關的內容。

〈如果有人向你們致敬的時候，你們要用比他更好的方式致敬，或是同等程度的回應。〉（古蘭經第4章86節）

〈用錢的時候，既不揮霍，又不吝嗇，謹守中庸之道。〉（古蘭經第25章67節）

伊斯蘭教不僅信仰安拉，對於這些每天必須實踐才能夠前往天國的細部規範也有詳細規定。

一心一意詠頌古蘭經的男子。完全沒有察覺到相機快門的聲音。
攝於敘利亞大馬士革的奧米亞大清真寺。

第二聖典《聖訓》

儘管如此，並不是所有的準則都寫在古蘭經上，而且古蘭經也有許多抽象的敘述。比方說寫著「必須做禮拜」卻沒有寫出詳細的做法，這時就必須閱讀《聖訓》（Hadith）。

《聖訓》是將先知穆罕默德的言行統整而成。他是接受安拉的啟示的人。所以他的言行是「依照安拉的旨意」而成為範本。直接與他接觸的人們將他的言行舉止傳給下個世代，接著再傳給下一個世代，這個傳承就是聖訓。

聖訓有許多版本，其中以九世紀的聖訓學者穆罕默德．伊本．伊斯梅爾．布哈里（**Muhammad al-Bukhari**），以及艾哈邁德．伊本．罕百里（**Ahmad ibn Hanbal**）所編撰的兩部作品最具權威性。

內容和古蘭經一樣，包含宗教上的做法、飲食、服裝、夜生活、健康管理等生活上全方位的內容。在此針對穆斯林的聖訓精選幾則介紹給各位。

〈於是我們聚集在蔬菜（大蒜）前。因為當時人們都餓了。於是我們大口大口地吃著。隨後我們前往清真寺。但是安拉的使徒（先知）聞到這個臭味說，「只要吃了這個令人憎惡的東西的人都不可以接近清真寺。」於是人們口中喊著『(大蒜)被禁止了!被禁止了!』然而這件事傳到先知的耳裡，他是這麼說的。「諸君，我沒有權力禁止安拉所允許的東西。但是我厭惡那個植物的味道。」只要不會對其他人造成麻煩，食用大蒜、洋蔥和韭菜這件事本身當然是不被禁止的。〉

〈某位女性來到先知的跟前，詢問「生理期的血痕不小心沾到我們的衣服上，該怎麼辦才好?」先知對此做出的回答是「用指甲摳掉之後在水中搓洗，再用乾淨的水沖洗一次。之後就可以穿那件衣服做禮拜了。」〉

依據這些聖訓，人們按照先知的言行舉止生活。

但是穆罕默德並非特別偉大的人物。伊斯蘭教中沒有聖職者，只有安拉和普通人而已。穆罕默德也只不過是個普通人。

儘管如此，因為他傳遞了安拉的旨意，所以特別受到敬愛。證據就是很多男性的名字都叫做「穆罕默德」。穆斯林男性留鬍子的人很多，因為聖訓中記載穆罕默德就是蓄著鬍子的。

伊斯蘭教，比法律的等級還高

也有古蘭經和聖訓都沒有寫到的事情。像是「伊斯蘭教認為在網路上看色情圖片這件事是好的還是不好的？」這種情況必須向被稱為歐拉馬（Ulama）的宗教學者詢問，也就是在大學鑽研伊斯蘭教的學者。歐拉馬會對照古蘭經與聖訓，並且參考過往學者的意見提出建議。舉凡結婚、繼承等身邊的事情，一直到政治方面的問題都有。

「我不滿意鼻子的形狀，可以整型嗎？」

「丈夫不把錢帶回家，我該怎麼辦才好？」

「我已經生了一個女兒，要行使割禮嗎？」

「我家中已經有妻小，但是最近很在意職場的年輕女性。我是個惡劣的穆斯林嗎？」

即使在法律上不構成問題，但人們還是在意身為穆斯林有這樣的行為是否正當？而找歐拉馬商量。因為對人們來說，最重要的不是法律，而是伊斯蘭教。如果殺了人會構成刑法上的犯罪，但是在那之前，死後前往地獄這件事更令人畏懼。即使殺了人，只要逃走不被警察找到就可以躲過現世的罪刑，但是後世確定必須待在地獄之中。因為安拉看穿了一切。

如此一來，人們過著每天詢問安拉的旨意的生活。一位女性穆斯林朋友說：「我每天都會祈禱，這樣安拉就會感到喜悅。」「祈禱的時候不塗指甲油，因為安拉是這麼說的。」在做禮拜之前必須潔淨手足和口鼻，如果塗指甲油的話，水就無法流到指甲。聖訓中提到，有人因為潔淨的時候沒有清潔到指甲，而被先知要求重新清潔的故事。

他們的生活圍繞著宗教。伊斯蘭教的教義要求一天做五次禮拜，食用古蘭經中認定可以吃的食物，夜生活結束後則依據聖訓的要求潔淨己身。

從起床到就寢為止的伊斯蘭教義；直到上床睡覺為止的伊斯蘭教義。

一千多年前寫下的經典，至今依然作為生活範本使用著。我想，即使在五百年後，甚至一千年後都不會改變。對我們來說，這是在行動準則、思考、文化等方面有著根本性差異的信仰。只有在伊斯蘭教世界，才能體驗這種接觸異文化的樂趣。

超越國家、民族的羈絆

所有的穆斯林都生活在古蘭經這套準則之下。所以只要說自己是穆斯林，就會產出信賴感。

我在二十幾年前曾經到葉門、衣索比亞、蘇丹等地旅行。旅居在蘇丹的時候，我認識了一位來自葉門的男生和一位來自蘇丹的女生，並且與他們一起行動。

來自葉門的男生大約二十多歲，走陸路前往利比亞，為了在利比亞找一份工作。在旅程中，他支付了比他年長的蘇丹女子所有餐費和飲料費。我以為他們是家人或是親戚，沒想到只是在旅程中認識的人而已。

我好奇地詢問為什麼要這麼幫她？他說：

「因為她也是穆斯林。」

只因為信仰著同樣的宗教，就產生了宛如家人一般的連結嗎？

（伊斯蘭教到底是什麼？）

這件事讓我留下很深刻的印象。

伊斯蘭教有很多讓信徒提升整體感的要素。

全世界的穆斯林都閱讀用阿拉伯語書寫的古蘭經。做禮拜的時候，所有人都使用同樣的語言，同樣的動作，朝著麥加的方向膜拜。

連齋戒月的禁食，全世界的人也都會在同一天開始，並在同一天結束。嚴格來說，遜尼派與什葉派相差一天左右，其他都是一致的。

前往麥加朝聖時，所有的穆斯林都只用兩條白布包裹身體，參加同樣的儀式。

東自菲律賓、印尼，西至非洲大陸的深處，流傳於如此廣大區域內的宗教，擁有著這樣的共通性實在令人驚嘆。

另一方面，也有依據國家和區域不同產生的多樣性。像是清真寺的屋頂和尖塔的形狀和裝飾，都會隨著國家與區域而不同。有完全滴酒不沾的國家，也有在餐廳中提供酒精類飲品的國家。

埃及有埃及的穆斯林生活模式，伊朗則有伊朗的穆斯林生活模式。

並非以強硬的方式要求做到教義中的規範，而是與當地原本就存在的傳統與風俗習慣相互融合後為人們所接受，讓伊斯蘭教在當地生根茁壯。

Chapter 2

不嚴苛的伊斯蘭教

正在準備結婚典禮的新娘家中。在埃及，結婚的時候會準備全新的棉被。

宗教中沒有苦行

因為有準則，所以輕鬆

各位讀者閱讀上一章的內容之後，或許會認為「伊斯蘭教充滿了規則，真是麻煩！」其實並不是這樣的。

正因為有這些準則，凡事不需要逐一靠自己動腦思考，所以相當輕鬆。很多伊斯蘭教的女性外出時固定會穿上黑色長袍並且圍頭巾。只要決定這麼做，就不需要煩惱「今天該穿什麼好呢？」這件事了。

史蒂夫・賈伯斯永遠都穿黑色的衣服。這是他的原則，所以他不需要為了「今天穿什麼衣服」而煩惱，能專注心力在工作上。

舉凡棒球也好，足球也好，將棋也好，都有它們的規則。因為訂定規則，才能享受其樂趣的事情相當多。

再怎麼說，伊斯蘭教是安拉所決定的規則。有著「只要遵守這些規則就能前往天國」這樣的期待感。不同於人類制定的規則，絕對不會有「迫於無奈只好遵守」這種感覺。

「惡行」可以透過「善行」挽回

不過，伊斯蘭教的規則其實是很寬鬆的。首先，在五功等義務當中並沒有罰則，就算不進行禮拜或是不參加齋戒也不會因此受罰，只是當事人會覺得「天國離自己遠了一些」而已。

而且要進入天國並不是一定只能做「善行」而已，只要善行的次數超過惡行就可以了。如果做了不好的事情，可以用善行來挽回。萬一不小心喝了酒，就要更誠心地進行禮拜。如果偷懶沒參加禮拜，則要對貧窮的人布施。

我在埃及遇到一位每天進行七次禮拜的大叔。他年輕的時候又喝酒又玩女人，過著非常狂放不羈的生活；以工作為藉口而沒有認真地祈禱。現在退休了有時間，於是他決定將目前為止偷懶的部分全部補回來。

實際上古蘭經中有很多「如果……的話就做……（來挽回）」這樣的敘述。

〈那些遭遇困難不能實行齋戒的人，可以透過飲食款待一位貧窮的人來贖罪。〉（古蘭經第2章184節）

而且，善行和惡行在計算時，善行要來得「大很多」。

〈安拉是這麼說的。「身為我的僕人，雖然有志為善卻沒有付諸執行者，我會記錄一項善行。但是，如果他確實執行的話，我會依據善行的程度為他記錄從十項到七百項不等的善行標記。此外針對一度企圖犯下惡行卻未執行者，我不會留下任何記錄。就算是真的犯下惡行，我也只會記錄一項而已。」〉（穆斯林的聖訓）

這麼說來，就像是積分獎勵一樣。

此外，還可依據善行的類別，將目前為止的所有惡行一筆勾銷。

〈如果你們隱蔽它（筆者註：布施）給予貧窮的人，那對你們更好。這將消除你們身上（之前犯下）的一些罪過。〉（古蘭經第2章271節）

換句話說，這是一套只要不做殺人等罪大惡極的事，所有人都可以前往天國的系統。實際上，我從未遇到不相信「死後前往天國」這種說法的人。

義務也可以「鑽漏洞」

針對義務也準備了各式各樣的「鑽漏洞」方式。

首先是到麥加朝聖。只有能出得起旅費的人才有義務前往，沒有必要犧牲家人的生活勉強前往當地。

此外也有「代理朝聖」的制度。為了生病或年事已高沒有體力的人著想，只要代理人前往進行朝聖，就等同於本人完成了朝聖。實際去朝聖的人則向當事人收取旅費。

雖然為了前往朝聖而努力存錢，但據說施捨給貧窮的人也獲認定具有朝聖的意圖，可謂完成朝聖這件事。

齋戒月期間的禁食，體力不佳的人可以不用參加。像是十歲以下的孩童、孕婦、哺乳期內的母親、生理期中的女性等；旅行途中也可以免除齋戒。但是，除了老人和小孩以外，其他人都必須事後進行彌補。所以，與其說是免除，倒不如說是「延期」比較貼近。

雖然在齋戒月期間，日落之後會結束禁食並用餐，但如果準備這些餐食的時候不小心偷嘗了味道，只要不是故意的都可以獲得原諒。

「所以伊斯蘭教並不是嚴苛的宗教」，一位因為結婚而加入伊斯蘭教的日本女生開心地這麼說。安拉將難度調低，讓人們很輕易地做善事。

〈安拉確實願意減輕你們背負的負擔，因為人類天生就是柔弱的。〉（古蘭經第4章28節）

達成麥加朝聖的人，在屋外畫上紀念的圖案。
每一位穆斯林都懷抱著「有生之年去一次麥加」這樣的夢想。
到了現代，由於希望前往朝聖的人很多，會依照國籍限定名額。

做禮拜是最好的休閒活動

有人不做禮拜，當然也有許多一天認真做五次禮拜的人。當我看過很多這樣的人之後，就深信「完全沒有人心不甘情不願」這項事實。這已經內化到體內並且成為一種習慣。就像吃完東西之後刷牙一樣，或是日本人從外面回到家之後洗手、漱口一樣，理所當然的進行禮拜。

從開始懂事的時候就看著父母親這麼做，自然而然地自己也會跟著做。當我前往清真寺時，常常看到在進行禮拜的母親身旁，用布包裹著頭的小女孩或坐或站的模仿大人們禮拜時的模樣。

工作中進行禮拜會降低效率吧？這是日本人普遍的想法，實際上很多人表示「因為可以轉換心情，反而讓工作更有進展。」

身為穆斯林的朋友說，「做禮拜就像在做瑜伽一樣。透過低下頭跪拜在地上這個動作，血液可以流回腦中，全身上下的血液循環都會變好。這一點也得到了科學實證。所以沒必要為了健康刻意去做瑜伽。」

一天之中最早的禮拜是在天亮之前。如果確實做到這一點，也可以養成早睡早起的好習慣。

男性於每個星期五到附近的清真寺進行伊斯蘭教的聚禮（團體禮拜），禮拜結束後跟朋友或認識的人會面，稍微聊天寒暄一下也是很開心的事。

「你的兒子幾歲了？我的女兒年紀差不多了，想幫她找個好對象。」

「我家有一台不要的洗衣機，可以免費送給你，有需要嗎？」

據說也會進行這樣的對話。

和禁慾的意思完全不同！

因為禁止喝酒和吃豬肉，所以大家或許會認為「伊斯蘭教是禁慾的」。實際上，它對於食慾、性慾、金錢慾等人類的各種欲望是非常寬大的。

過不吃豬肉、不喝酒的生活也沒問題

雖然禁止食用豬肉，但如果除了豬肉以外沒有其他東西可以吃的時候，為了避免餓死還是可以吃豬肉的。如果沒注意到是「豬肉」而誤食的話，也是可以獲得原諒。例如，不知道豚骨拉麵加了豬肉萃取物而誤食的狀況。

〈信徒們！我（安拉的自稱）特別賜給你們許多美好的東西，（中略）安拉禁止你們吃腐爛的肉、飲血和豬肉，以及（屠宰時）念誦安拉尊名之外的其他名字（獻給其他神的東西）。只要不是出於自我意識想吃，不是有意違背安拉的旨意，迫不得已吃了禁物，也是無罪的。〉（古蘭經第2章172、173節）

雖然不能吃豬肉，但還是有很多其他可以吃的肉，像是雞肉、山羊肉、羊肉、牛肉、兔肉、駱駝肉、鴨肉、火雞肉等，肉類的選擇性甚至比日本還要多。但是在食用之前必須進行一定程序的處理才行，也就是口中一邊唸著「依據安拉的聖名，安拉是偉大的」一邊割破動脈進行放血。

兔肉和雞肉類似，口味很清淡。以麻薏葉來作為湯底，將大蒜炒過，加入湯汁以及切段的麻薏葉即可。另外，也會使用羊或是駱駝的腿骨作為湯底。

在鴿子的肚子裡塞滿米飯後下去烤的 Hamam Mashwi，是稍微豪華的料理。但是因為鴿子的肉比雞的肉要少，對日本人來說可能略顯不足。

也有專賣魚肉料理的餐廳。他們會在店門口排列剛捕獲的漁獲，客人選擇喜歡的魚之後，再決定料理方式要油炸還是炭烤。接著切開魚的腹部將內臟取出，將小黃瓜、番茄、洋蔥等蔬菜和辛香料塞入後進行調理。

在中東地區豆類料理的種類也很豐富。以鷹嘴豆、扁豆等豆類為基底，再加入湯汁熬煮。燉煮蠶豆的 Ful，是埃及早餐中不可或缺的。街上到處都是販賣 Ful 的攤販，攤位前面擠滿了外出上班前的上班族男女。稱為 Ta'amiya 或 Falafel 的食物，則是將乾燥的蠶豆和蔬菜磨碎做成丸子形狀的油炸丸子，通常會直接吃，或是做成三明治來吃。

酒也是，如果沒有其他可以維護自己身體健康的東西，是可以被允許當作營養補給來源飲用的。埃及和約旦有酒商，因為當地也有基督教徒。購買酒類商品後，店家會把酒裝進看不到內容物的黑色塑膠袋中。像是開羅，也有只供應國產啤酒「STELLA 啤酒」的商家。

在中東地區隨處可見現打果汁小站，像是柳丁、草莓、芒果、奇異果等，當場榨成果汁販售飲用。被稱為「調酒」的「水果調酒」（水果拼盤）也很美味，裡面添加了切成小塊的甜瓜、香蕉、草莓、芒果汁和芭樂汁。只要喝上一杯就有飽足感，而且才五十日圓左右。

以上的美味食物選擇可說相當豐富，就算不能吃豬肉和喝酒也完全不會感到困擾。

店門口吊掛著山羊肉，位於埃及開羅的肉鋪。
客人選擇喜歡的部位後，老闆當場拿菜刀切下來販售。

賺錢這件事是良善的

伊斯蘭教非常獎勵商業買賣，賺錢這件事能獲得獎勵。

〈你們這些信徒啊！當你們聽到人們呼喚集會日（星期五）做禮拜的聲音時，你們應當趕快前往膜拜安拉，放下你們的生意買賣。（中略）當禮拜完畢時，你們可以散開到各處去尋求安拉的恩典（進行買賣），但是別忘了要時時讚念安拉，這麼一來你們的買賣就會成功。〉（古蘭經第62章9、10節）

只要確實地完成禮拜，接著全力投入買賣之中，就可以享有安拉的恩澤。

〈各位！你們要盡全力付諸行動，我本身也（靠自己的力量）在做。〉（古蘭經第6章135節）

所謂「付諸行動」就是「去工作」的意思，也就是「自己吃的那一份，靠自己賺取。」

因為伊斯蘭教的基本理念是有錢的人施捨給沒有錢的人，所以將擁有的東西以高價販售並不是壞事。物品在市場上幾乎沒有一定的價格，依據對象不同價格也有所差異。好幾次，我花了三千元才能買到當地人只花五百元就可以買到的東西。從國外千里迢迢來到當地的人就是「有錢人」，從這種人身上多賺一些錢被認為是正當的買賣。

相對的，也是可以變通的。例如某件商品要賣一千元，無論如何我都想得到它，但是我的錢包裡只有八百元。在這種狀況下，如果在日本的話就只能放棄不買，但是在當地就可能便宜賣給我。飯店住宿費也依據交涉結果而有折扣，就連巴士的車資，也會因為發車時的乘客很少等因素而降價。

總之，伊斯蘭教中只要以正當手段賺錢就完全沒問題。但是，如果有錢就必須分一些給沒錢的人，施捨給貧窮的人成為一種義務。（參照本書第105頁）

夫妻越努力做愛，離天國就越近

在伊斯蘭教中，夫妻之間的性行為是一件善行。

我和一對埃及的中年夫婦談話，「如果丈夫想做愛但是太太不想的時候該怎麼辦？」這件事成了討論的話題。

被問到在日本會怎麼處理時，我用「丈夫只能勉為其難忍耐」這句話含糊帶過。

「男性基於生理健康需求想做愛，為什麼非得忍耐不可？」

埃及太太突然加重語氣讓我嚇了一跳。

「忍耐這種事情，在伊斯蘭教中是被禁止的！」

什麼！忍耐性慾這件事違反了伊斯蘭教義？

伊斯蘭教連這種事情都有規定啊！

當時的衝擊讓我永生難忘。

伊斯蘭教與生活中所有面向息息相關。沒錯，就連在床上也是。「不分神聖與世俗」這就是伊斯蘭教最大的特徵。

古蘭經和聖訓中對於性行為有非常詳細的記載。

〈妻子是你的耕地，所以可以隨意前往。〉（古蘭經第2章223節）

意思是「性行為的方法和體位是自由的」，將妻子的身體比喻成農地這種牧人的表現方式，從中可以一窺伊斯蘭教的性觀點。

重要的不只是生孩子這個目的，單純為了滿足性慾的性行為也被視為是一種善行。

〈教友們說，「只信奉安拉吧！還有誰會因為只是單純滿足性慾而給你報酬？」各位教徒（中略）「如果是正當地執行性慾的話，當然會得到報酬。」〉（穆斯林的聖訓）

然而，如果其中一方想做愛但是另一方持續拒絕的話，就構成離婚的正當理由。

正因為性是非常重要的，所以勸導人們在夫妻這個穩定的關係中享受性生活。這樣不僅可以避免女性在不情願狀況下懷孕，鼓勵夫妻之間的性愛也有助於達到多子多孫的目的。

丈夫有義務取悅妻子

在床上只顧著滿足自己的需求，完事後抽了根菸就倒頭呼呼大睡。這種男人在世界各地隨處可見，然而伊斯蘭教對於這種事有以下告誡。

〈當他滿足了欲求，必須等待直到她的欲求被滿足為止。如果她遲遲無法滿足，就要挑起她的欲望。將她放著不管是一種惡行。如果兩人不一致，丈夫先達

到滿足的話，彼此就會厭惡對方。雙方一致達到滿足是她的喜悅。男性不是她，必須把她也滿足當作自己的事，因為她是很害羞的。〉

伊斯蘭教史上，被視為最偉大的哲學家「安薩里」（Al-Ghazali／1058～1111年）是這麼說的。在第一章曾經提到，人們會詢問歐拉馬關於古蘭經和聖訓中沒有被提到的問題，而所得到的結果，歐拉馬大多會參照權威學者的見解。這個「權威」的代表，就是安薩里。他的著作，至今依然受全世界的穆斯林們拜讀著。

即使妻子有好幾個，也必須公平的與她們共度春宵。

〈最好是每四天一次跟女性交歡，這是很公平的。因為妻子有四位，某種程度的延遲是可以得到允許的。為了守護她，依據她的欲求而增減次數較佳。〉

如果妻子只有一位的話可以四天一次；有四位的話就必須每天輪流跟一位做愛。年輕的時候還可以應付，但是到了中年以後應該會很吃力吧！（這是我的想像）所以幾乎所有男性有一位妻子就已經足夠了。

還有，妻子不得拒絕丈夫的求歡。

〈丈夫呼喚妻子到床邊，當妻子拒絕時，天使將會詛咒她直到天明。〉（布

哈里聖訓）

伊斯蘭教中只有夫妻可以有性行為，所以彼此之間的體諒是必要的。相反的，如果跟誰都可以做愛的話，就會演變成「就算在家中無法得到滿足，也可以到外面解決」的狀況，當然也就不會體諒另一半了。

新婚之夜用花朵裝飾床鋪

對性採取肯定的態度，最極致的展現就是在結婚典禮後的新婚之夜。在伊斯蘭世界，各地都有新婚之夜的洞房「揭幕」儀式。我親身參與過突尼西亞的結婚典禮，人們會在新家的洞房床上用糖果排出愛心圖案。在巴基斯坦的結婚典禮則是用花朵裝飾床的周圍。我還聽說，印尼和馬來西亞也有類似的「揭幕」儀式。

親眼看到這樣的景象，身為日本人的我擅自想像了兩人之後的行為，不禁面紅耳赤起來，但是對當地人來說，卻完全沒有「害羞」或是「隱晦」的感覺。

寢室平常就是公開的場所，招待客人到家中，大部分都會連寢室一起介紹。將花朵圖樣的枕頭套或是刺繡的床單堆放在整齊的床上，宛如飯店的房間一般。

打開整面牆的衣櫃，裡面塞滿了太太平常穿的色彩鮮豔的睡袍和睡衣。看著的同時，宛如可以聽到屋主說著「如何？很棒對吧！」這樣的聲音。

他們比照客廳，用心布置寢室。伊斯蘭幾乎沒有個人的房間，就算有也很小間。因為比起個人，家人更顯得重要。

在突尼西亞的結婚典禮，新郎準備好的新房床鋪。
為了新婚之夜特地畫了愛心圖案和兩人名字的第一個字，
出自新娘姊姊之手。

節制與歡愉的關係

可是……伊斯蘭教進行男女隔離，婚前沒辦法進行任何交流，這一點不是非常嚴苛嗎？讀者們應該會這麼想吧！

這只不過是單純設下的規則而已，「是可以充分滿足性的需求，但是僅限於夫妻之間」。人類是脆弱的生物，如果可以無節操的跟任何人發生性關係，就會出現受欲望驅使，並且到處找女人下手的男人。這麼一來女性就會懷孕，也可能誕生出私生子，相對的性病的風險也會升高。

因此，在伊斯蘭教中相當重視「制度」和「節制」。

「美味的食物就盡情享用吧！除了安拉禁止的東西以外。」

「盡情地賺錢吧！但是賺到的錢一部分要施捨給貧窮的人。」

「享受性愛吧！但是只能跟結婚對象而已。」

人類是軟弱的，如果沒有設定相當程度的節制，欲望就可能會失控。

〈任何事都不要過度踰矩，真主安拉不喜愛踰矩的人。〉（古蘭經第5章87節）

不知節制是件低俗的事。像是守財奴、大胃王和吃最快者的競爭；在電車內卿卿我我的情侶等。

節制可以讓人變美。

透過節制可以增加歡愉。再怎麼美味的食物，如果一年到頭都吃同樣的東西，美味也會減半。

齋戒月也是同樣的道理。透過一定期間的禁食，結束後的餐食便成為盛宴。做愛也因為有「不可以，但是好想要……」這樣的期間，到了可以做愛的時候便可感受加倍的喜悅。

終極的歡愉伴隨著適度的節制。伊斯蘭教就是為了享受人生的教義。

齋戒月是祭典

古蘭經中規定的神聖之月

齋戒月期間必須一整個月禁食。

（應該很痛苦吧？）任誰都會這麼想吧！

除了飲食之外，包括香菸和性行為等所有欲望都必須禁止。甚至，連吞口水都不行。

但是這只限於白天的時間而已。只要太陽西下，飲食和性行為都是OK的。

為什麼齋戒月被要求必須盡到禁食的義務呢？

因為這個月，安拉將古蘭經賜予給信徒。於是，為了感謝安拉，信徒得專注在祈禱所以進行禁食。齋戒月是神聖且特別的一個月份。

這個月做的善行會比平常得到更高的分數。

〈我確實在這尊貴的夜降下了它（筆者註：古蘭經）。要怎樣向你解釋什麼是尊貴的夜呢？尊貴的夜更勝過一千個月。〉（古蘭經第97章1～3節）

在「尊貴的夜」做的善行，價值有一千個月那麼多，可以將目前為止的惡行一筆勾銷。但是這個夜晚到底是什麼時候，古蘭經中沒有明確的記載。只知道是在齋戒月最後十天中奇數日的夜晚，所以很多人在這個月的最後十天會比平常更努力行善。

齋戒月的時期每年都會提前十一天。因為宗教活動都依據伊斯蘭曆法（太陰曆）執行，太陰曆每一年都比太陽曆少十一天，因此齋戒月有時候在冬天，有時候在夏天。有人認為，「可以體驗各種季節的齋戒月是一件很有趣的事。」

但是，如果是冬天的話還好，夏天的時候反而會很辛苦。因為日照時間長，天氣很熱，很容易口渴，但是不可以喝水。所以盡可能不要任意移動身子，並將濕毛巾披在身上。由於白天打掃或是洗衣服等，做活動都會感覺肚子餓，也會覺得口渴，所以有一些主婦會選在禁食結束之後再做家事。

明明在齋戒卻變胖？

穆斯林之中也有不進行禮拜、偷偷喝酒的人。但是，很少有人不進行齋戒活動，平常喝酒的人也會在齋戒月期間稍微節制。偷偷將威士忌藏在家裡，想著「等齋戒月結束再開來喝」而暗自偷笑。

為什麼大家一致地進行禁食呢？

因為這是很快樂的事。

齋戒月是一場祭典。特別的活動和特賣會都集中在這段期間，電視會播放特別節目，街上到處都是臨時遊樂園。有一些攤販會販售稱為「庫納法」和「卡達亞」這類甜點，並用色彩豐富、鮮豔的布幔來裝飾。公司、辦公室則是延後一到一個半小時才開始上班，並且提早一個小時下班。齋戒月是一年之中最盛大的活動，等同於我們的過年。

我所遇到的所有穆斯林都滿心期待著齋戒月到來，一談到關於齋戒月的事情，眼中便開始出現血絲，甚至微微泛著淚光。

特別期待的是日落之後的餐食 iftar，也稱為「開齋飯」。平常用餐時間不一的家庭，在齋戒月期間更會全家聚在一起吃飯，不管有沒有進行禁食的人都一樣。但是有禁食的人吃起來一定感覺特別美味，也可以感受大家一起進行禁食的整體感。

每一天的開齋飯會比平常的餐食更為豐盛，因為白天禁食，至少晚上會想吃得稍微豪華一點，這是理所當然的心態。其實在齋戒月期間食材的消耗量反而比平常大幅增加，也有人因此變胖。

開齋飯之後就一家接著一家拜訪朋友家，這時人們一定會端出甜死人的紅茶和餅乾、蛋糕等，就這樣一直到半夜兩三點才就寢。稍事休息之後，會在齋戒開始之前吃名為sahur的「封齋飯」。時間大約是在天亮前三到四小時的時候。這時在睡覺的人會被叫醒，也有人會一整晚沒睡，變成日夜顛倒的生活方式。

禁食本來是對身體很好的活動，但是齋戒月的禁食怎麼看都覺得有礙健康。然而對穆斯林而言，重要的不是健康，而是後世可以進入天國。

齋戒月期間全家人一起吃飯的景象。
住在附近的親戚也常常聚集之後，一群人一起用餐。
攝於埃及開羅。

接吻和愛撫可以被允許

齋戒月期間，到天黑為止，除了飲食之外性行為也是被禁止的。

〈在齋戒時期的夜裡，准許你們和妻子交歡。她們是你們的衣服，你們也是她們的衣服。安拉知道你們常在暗中自欺，但是他對你們仁慈，並寬恕你們。所以，你們現在可以（毫無顧慮地）跟她們交歡，尋求安拉所規定給你們的激情吧！〉（古蘭經第2章187節）

雖然無法有性行為，但是家人和近親的無性慾接吻和觸碰身體等一般禮儀，是可以被允許的。

〈依據阿伊莎（作者註：先知的妻子）所述，先知在齋戒期間依然與妻子們接吻，觸摸她們的身體，比任何人更努力控制陰部的衝動。〉

但是如果射精的話齋戒就會失效，必須事後進行補救才行。依據聖訓上的記載，所謂的補救，首先必須「齋戒兩個月」。如果無法做到則必須「施捨給貧窮的人」。如果真的窮困到沒辦法進行布施的話，最後只能因為「沒有其他辦法」而不了了之。

也有在半夜進行性行為，一回神已經天亮的狀況。據說如果只是沒注意，不是故意的話齋戒就不會失效。

齋戒月期間不要前往旅行比較好？

據說齋戒月期間，避免前往當地旅遊比較好。的確，餐廳幾乎沒有開門，區公所和博物館也都會提早結束營業。街上則因為空腹的關係容易產生摩擦與爭執，交通事故也會增加。

儘管如此還是有少數店家會繼續營業，也可以到超市購買一些食材回到飯店裡享用。

不過，反倒是在齋戒月才能親身感受自己身處在伊斯蘭教世界，這是很難得的機會。

通常，接近日落時分，街上的人們會逐漸變少，他們為了趕上開齋飯而急著返家。在禁食結束前三十分鐘，街上已宛如鬼城般，空無一人。

這時常常會看到急速行駛的車輛，焦慮地喊著「趕不上開齋飯了！」

街上到處都準備了「安拉的餐桌」。由富裕的人免費提供開齋飯，所有人都可以享用。齋戒月期間，貧窮的人每天都可以免費吃到豐盛的食物。

我曾嘗試在其中一個安拉的餐桌進食，地點位在埃及開羅的市中心。主事者是一位古董店的老闆，他代替父親準備了安拉的餐桌。

接近結束齋戒的時刻，人們開始聚集到餐桌附近。這些人幾乎都是工作比較晚結束，來不及回家趕上開齋飯的人們。緊張的人三十分鐘前就已經坐在餐桌旁等待了。

看到料理沒有送到我的面前，坐在附近的大叔對負責配膳的人大叫：「喂！這裡沒有飯啊！」「沒有送水果來！」我身為異教徒又沒有禁食，內心感到有些慚愧。當地的人其實非常清楚這些事情，還是非常溫暖地歡迎每個人。

其中也有偷跑的人，已經剝好香蕉皮等待結束的時刻到來。

「真主至大、真主至大……」

從街上、各地清真寺傳來告知齋戒結束的宣禮（召喚人們做禮拜）響起後，大家一起開始飲食。

這時，首先應該先吃一到兩口椰棗，進行禮拜之後再進食，這是記載於聖訓上的正確作法。

當然也有人會遵循這套作法，但是並非所有人都這麼富裕。不過，有什麼關係呢？白天已經禁食這麼久了。

餐食的內容是白飯和燉煮馬鈴薯等簡單的食物。儘管如此，一大群人圍著桌子用餐，那種歡欣鼓舞的心情是無可取代的。

開齋飯結束後一到兩個小時，街上逐漸恢復活絡的氣氛。接下來就是祭典的重頭戲，餐後的遊樂時間。

街上閃爍著霓虹燈，頓時轉變為喜慶的氛圍。全家人望著寫了「特賣」的商店櫥窗在街上散步，包括一手牽著孩子、一手拿著霜淇淋的爸爸，以及將嬰兒抱在肩上的媽媽。

齋戒月時期，開羅的伊斯蘭教地區特別洋溢著喜慶的氣氛。宗教歌手會舉行演唱會，類似祭典時的攤販會出來擺攤，街上充滿了玩套圈圈和射擊遊戲時孩子們的嘻鬧聲。胡笙清真寺前的廣場咖啡座，盡是通霄聊天的人們。廣場附近的觀光景點哈利利露天市場內的老店，知名咖啡館 EL Fishawy 前甚至擁擠到無法通行。

置身在其中時突然有一種「啊！我真的在伊斯蘭國家」的感覺。如果沒有齋戒月的話，身為穆斯林的樂趣也會減半吧！

當齋戒月接近尾聲，所有人都有「齋戒月不能繼續下去嗎？」的想法。

如果抬頭可見細細的新月，就表示齋戒月結束。隔天，展開齋戒結束後稱為Eid的「開齋」祭典。早上前往清真寺進行團體禮拜，彼此分享順利度過這一個月來齋戒的喜悅。接著穿著新買的衣服，互相拜訪親戚和朋友。

新月是宗教人士等透過肉眼判斷後，在電視和報紙上宣布。大部分都要等到前一天才能確認。如果因為天候不佳導致無法確認新月的話，就會比預定日延長一天。因此到了齋戒月結束的時候，大家會互相確認「明天是開齋？還是齋戒月？」

直到前一天才知道確實很不方便，但是這對於當地的人們來說，似乎也是一件快樂的事情。因為月亮的圓缺以及能否看見月亮，這一切都是安拉的旨意。

齋戒月期間的胡笙廣場，照片左側可以看到胡笙清真寺，
據說裡面埋葬著先知穆罕默德的孫子胡笙的頭骨。

聖者信仰

安拉與聖者的分別

穆斯林每天進行五次禮拜。主要是表達對安拉的感謝，基本上人們是不允許「向安拉許願」的。

而且可以崇拜的唯一的神只有真主安拉。

但是，這種克己禁慾的事情可能發生在活生生的人類身上嗎？

實際上，向安拉以外的特別之人進行祈願，是非常盛行的。所謂特別之人主要是「聖者」，在伊斯蘭世界中存在著無數的聖者。

所謂的聖者，可能是承繼穆罕默德血脈的人、虔誠的信徒、富有盛名的學者、引發奇蹟的人物。至於所謂的奇蹟則是例如醫治疾病，進行祈雨儀式後讓老天爺下雨等事蹟。

成為聖者不需要特別的條件，只要受到當地人們尊敬的人就可以成為聖者。

聖者死後被聖化，他的墳墓建築便成為「拱北」（＊）作為瞻仰的場所。聖者是介於安拉與人之間的中介角色，因為他獲得認可，能為人們帶來各式各樣的利益和救贖。

聖者崇拜這件事如果以正統派來，看是異教，但實際上卻是被縱容的。真正禁止聖者崇拜的大概只有沙烏地阿拉伯而已。而且在嚴格的瓦哈比派當權之前，據說這個國家也存在著聖者崇拜。在伊斯蘭教世界，每個城鎮和村里到處都有拱北。

在拱北中，人們用手觸摸聖者陵墓、用額頭碰觸陵墓，或是親吻它，然後就是自顧自的許願。「請讓我的疾病痊癒。」「請賜給我一個孩子。」「請改善我的婆媳關係。」「請讓我那前往戰場的孩子平安歸來。」

對穆斯林來說，必須崇拜的只有唯一的神・安拉。但是安拉實在距離他們太遠了，看不見樣貌，也聽不到聲音。

「安拉是全世界穆斯林所崇拜的對象，祂一定不會聽到我這小小的願望。但如果是這個村子的聖者，一定會將我的願望傳達給安拉吧！」

因此他們崇拜安拉這唯一的神的同時，也會將個別的願望向聖者訴說。在實際上，很多人會採用這種「分別」許願的方式，來執行信仰行為。

註記

（＊）本書使用在中國大陸西北地區的俗稱，「拱北」是阿拉伯文 Qubbah 的諧音，原字義是指有圓頂的建築物，因為多數陵墓都在有圓頂式的建築內。

欲望環繞的拱北

我造訪了位在巴基斯坦首都伊斯蘭瑪巴德的拱北「巴里伊瑪目」（Bari Imam）。

它位在官舍街的附近，官舍街上包括日本建築師丹下健三所設計的最高法院等。

拱北位在貫通整區的街道上。附近是宗教街，充斥著宛如攤販一般狹小的店家，販售聖者的肖像畫、女性用飾品、玩偶、小點心、蓋在陵墓上面的布、玫瑰花、沉香等。官舍街上幾乎無人通行，但這裡卻完全不同，不知是從哪裡冒出來的，到處都是人。

拱北的入口男女有別。在入口處脫下鞋子，赤腳進入建築物中。中央就是隔著玻璃帷幕的聖者墳墓。女性繞行右手邊的走道，男性則繞行左手邊的走道抵達墳墓前。

在墳墓的周圍充滿了親吻陵墓，以及在我身邊許願的女性們。人多到被催促「祈禱結束的人快點離開」的那種程度，也有在陵墓旁邊詠頌古蘭經的女性。

在深處還有其他墳墓，似乎是在墓地中央的聖者，他的家人或是親戚。那裡也陸續有人前往，將手放在墳墓上或是進行許願。也有人將額頭長時間抵在陵墓上，看來似乎有著很深的煩惱。

一般來說，人們都會認為位在中央的聖者等級比較高，但為什麼也有人向其他墳墓許願呢？依據陪同我一起前往的友人所述，似乎他們「各自有擅長的領域」，當中有擅長治病的聖者，也有擅長賺錢的聖者。

在拱北的入口處旁有免費提供餐食的地方。當我在那附近東張西望時，有好幾位男士向我搭話。原來，這裡是布施給貧困者的地方。我的朋友付了大約七百五十日圓，這些錢會成為二十人份的餐食。餐食內容是加了豆子炊煮而成的飯，貧困者可把它裝進各自帶來的塑膠袋中。

有各式各樣的人跑來向肩上背著相機的我和我的朋友搭話，其中有說著「我是未亡人，給我錢」的女性，也有說著「我的母親生病了，需要大筆醫藥費用」的人。

就像一般人為了祈求得到聖者的利益而造訪拱北一樣，乞討者則是為了求取膜拜者的布施而前來此地。拱北是捲起人們欲望之渦的地方。

在聖者墳墓「巴里伊瑪目」前，正在膜拜的男性們。
他們將雙手捧在胸前，
這是許願（針對自己的願望一個接一個向聖者祈禱的行為）的動作。

清真寺與拱北的差異

清真寺則不像拱北那樣充滿「朝氣」。

清真寺單純是做禮拜的地方，只是一個「容器」罷了，裡面只有標示麥加方位的壁龕（米哈拉布）而已。裡頭當然有做禮拜的人，除此之外也有與家人同行、談笑，手中拿著帶來的三明治的女性，也有在這裡睡午覺的男性，散發出恬靜舒適的氛圍。

但是拱北則完全不同！人們一心一意親吻著墳墓，並用手碰觸，進行許願。滿溢著欲望、願望和熱情。

清真寺中女性並不多，因為女性必須做家事，人們不會像鼓勵男性那樣地鼓勵女性到清真寺做禮拜。清真寺中女性的禮拜場所比起男性的還要小，會是在房間角落拉上窗簾後準備出一個空間。

拱北則以聖者的墳墓為界，在室內男女各自分開。女性也跟男性一樣，可以走到聖者陵墓的附近碰觸、親吻，或是進行許願。不前往清真寺的女性也會去拱北，雖然在家裡也可以做禮拜，但是對聖者許願就必須親臨拱北才行。依據各個拱北的不同狀況，也有女性多於男性的情形。

清真寺是盡義務、做禮拜的地方，而拱北則是透過聖者進行許願、求取自身利益的地方。在這裡，信仰也有使用上的區分。

Chapter 3

對弱者的關懷

信仰伊斯蘭教的老年人。

施捨給貧窮的人

「施捨」對我的衝擊

我在埃及經歷了一個稍微不一樣的體驗。

這是在我參加朋友的結婚典禮時發生的事。當地的結婚典禮普遍都在晚上舉行，當天中午會先舉辦招待親友的餐會。

下午一點左右，親戚和附近的鄰居們都會聚集過來，向家裡的人打過招呼後，各自坐在地板上。一般庶民的家中沒有餐桌，坐在地毯或草蓆上用餐是很常見的，每個人的位置前面會排放著料理。

這時，一名女子閒晃進來，然後非常自然地坐在有放餐食的位子上。

我一直以為她是親屬之一，但是怎麼看都覺得奇怪。這名女子一直心神不寧，無法冷靜下來，眼睛不停在這個空間裡游移著。所有人都跟隔壁的人聊得很開心時，她卻沒跟任何人說話。就我所見，她並沒有融入在這個氣氛中。

用餐完畢之後是喝茶聊天的時間，她一邊喝著茶，還是保持靜默，也沒有人上前找她搭話。

等女子離開之後，我詢問了這一家的人。

「那個人是誰？」

「貧窮的人。」朋友回答，「因為媽媽是個仁慈的人，所以招待她到家裡。」

接著我又去問了朋友的媽媽，雖然她嘴裡說著「是她擅自進來的，我才沒空趕她走呢！」卻完全沒有生氣。「古蘭經中寫著，只要施捨給貧窮的人一些東西，神就會很自然的給予我們同等分量的報酬。」

據說他們常常邀請貧窮的人一起用餐，「但是沒有收到邀請擅自參加的人也不少。」朋友的媽媽補充說道。

令人驚訝的是那位「貧窮的人」的態度。雖然她和周遭的人相比顯得格格不入，但實際上態度卻是坦然的。看不出她是「乞討者」，形象就跟普通的女性沒什麼兩樣。

據說她平常就經常在這戶人家的周邊散步，我的朋友們都知道她的長相。她住在車程約一個小時的鎮上，每週好幾次搭乘小巴士來到這裡，然後到許多人家中乞討。那一天，不知道她是從哪裡聽到朋友家舉行婚禮的事。

另一個體驗是在伊朗。

這是發生在旅遊書上找不到的小鎮上的故事。當我從外面返回飯店時，飯店大廳旁邊的餐廳裡，有一位身著黑色長袍的女性正在用餐。平常，伊朗的女性不會獨自進入餐廳，而且她還坐在靠近門口非常顯眼的位子，這一點讓我感到非常奇怪。

三十分鐘後，我為了辦理退房手續來到飯店櫃台，發現那名女性坐在櫃台前方的沙發區。

飯店員工指著她對我說：「幫助這名女性吧！」也就是「給她錢吧！」的意思。她是一名乞討者，靠飯店的「施捨」填飽肚子。

話說回來，雖然眼前這名女性略顯消瘦，但是穿著很普通的黑色長袍，完全看不出生活窮困的模樣。

儘管如此，不管是飯店員工還是這名女性，都露出「給錢是理所當然」的表情，如果不給錢的話感覺像是做了不好的事，於是我給了她一些零錢。我認為她應當會對我表示感謝，但她似乎是對金額不滿意而露出生氣的表情。

據說她經常出入這間飯店，從旅客那邊取得金錢。然而，這是一間便宜的飯店，也是鎮上唯一的飯店。伊朗人外出旅行時大多投宿在親戚或是朋友家中，或許只是因為住飯店就被認定是「有錢人」，加上我又是日本人。

無論如何，我給了她錢，至少也應該跟我說一聲謝謝吧！但是這樣的想法似乎是錯的。

女性那種「拿錢是應該的」的態度，讓我明白「不該對貧窮這件事感到羞恥」的道理，反倒也讓我反省自己只給一點點錢實在是不應該。

在伊朗聖城之一庫姆（Qom）的麵包店前，有剛出爐正在放涼的麵包。庫姆是伊朗國教十二伊瑪目派（什葉派之一）的聖地，
經常可見身著黑色長袍的女性。

要感謝乞討者

伊斯蘭教的基本理念是必須幫助貧窮的人、孤兒、老人和女性等弱者。特別是對貧窮的人非常仁慈！古蘭經中多次寫到「不可冷酷地對待乞討者」。當未盡到齋戒和做禮拜等義務時，大多會被要求必須執行「對貧窮的人布施」這個贖罪方式。

如同「五功」之中提到的，施捨給貧窮的人是身為信徒的義務。此舉稱為「天課」（Zakat），就是將一整年收入中的固定比例金額，進行自我宣告之後，支付給清真寺等地方。收款的對象是「安拉」，這些錢會透過各種機構分配給貧困者。當然，對於那些勉強才能維持全家溫飽的人來說，是沒有這項義務的。

布施這個字看似帶有「捐助」的形象，事實上卻有些不同。它的意思是「歸還本來就有義務歸還的東西」。伊斯蘭教認為，所有的一切都是安拉的，富裕的人也只不過是安拉將財富寄放在他那裡而已，其中也包含本來就很貧窮的人們的權利在內。人們必須將這些歸還給貧困者，如果不這麼做就是「不當行為」，乞討者索取金錢則是「正當的」權利。

相對於「天課」這項義務，出於自發性的布施被稱為「喜捨」（Sadaka）。指的是施捨給路旁行乞的人，或是主動提供餐食。

古蘭經中多次提到「施捨給乞討者可以進入天國」。乞討者是給予人們有機會前往天國的那一方，反倒該是「被感謝的對象」，完全沒必要感到羞恥。有時候，接受布施的那一方態度看起來甚至相當傲慢。

進行布施也有正確的禮儀。

〈如果你們偷偷地施捨給貧窮的人，那對你們更好。這些功德將會去除你們（先前所犯下的）一些罪過。〉（古蘭經第2章271節）

〈你們千萬不要因為揶揄，或是傷害接受施捨的人，使你們的功德成空。〉（古蘭經第2章264節）

要求別人回報的人，會離天國越來越遠。

主婦也是乞討者？

在伊斯蘭世界進行乞討，對女性來說是有優勢的。正因為是女性，所以可以進到其他人的家中。依據《乞食與伊斯蘭教》（乞食とイスラーム／筑摩書房）書中的記載，波斯灣各國也是以女性乞討者到其他人的家中行乞的比例較高。

給予的那一方也是，比起男性，人們更願意多施捨一些給女性，這是人之常情。在伊斯蘭教中，女性是應該被保護的對象。如果一名女性抱著孩子，當天沒有東西可以吃的話，就會引發旁人的同情心。

女性也可以用黑色長袍等衣物遮住自己的臉，儘管說行乞不應該是一件羞恥的事，但還是有人會感到羞愧。如果遮住臉的話就不會被認出來，不過男性把自己的臉遮住的話，可能會被誤認為蒙面強盜，但若是女性的話就不會覺得奇怪。

黑色長袍可以遮住自己的真實面貌。特別的是，一點都不窮困的一般家庭主婦，只要身上穿著黑色長袍就可以搖身一變成為乞討者。依據前面提到的書中內容，很多普通的家庭主婦會進行乞討。或許就是類似「今天的天氣不錯，出門去行乞吧！」這樣的感覺。

身為丈夫，在心理上有一部分也很歡迎太太出門乞討。伊斯蘭教中，男性有負擔家計的義務。即使不是為了收入，有的丈夫還是會對於妻子出門工作這件事感到羞恥。如果蒙著臉行乞，其他人就不會知道妻子出門工作的事了。

但是，富裕的人隱瞞身分進行乞討，他人在不知情的狀況下進行布施，這樣算是善行嗎？

聖訓中記載，某位男子（在不知情的狀況下）對有錢人和強盜進行布施的故事，故事中描述天使對他說了：「透過你的布施，強盜者不再犯下強盜罪刑，有錢人也會以此作為典範，將安拉給予的財產一部分作為喜捨吧！」這段話。因為伊斯蘭教相當重視善行的意圖。

可以向人「求救」的社會

富裕的人把錢交給餐廳，作為供餐給貧困者的基金，這樣的布施在巴基斯坦等地相當盛行。南部大都市喀拉蚩，幾乎所有餐廳每天都有免費供餐的服務。用餐時間一到，就會在店門口出現長長的人龍。貧困者每天的三餐，都能以免費的方式享用。

在這裡有一間名為 Burns Center 的燒燙傷專門醫院，包括住院費用、餐費、醫藥費等全部免費。這個城市裡有很多虔誠的上班族，醫院仰賴他們的捐款來負擔這些費用。

然而，在這種規定擁有者必須給予缺乏者的社會之中，還是會發生「過度依賴」的狀況。在我之前的拙作《一個女生，獨自一人的伊斯蘭之旅》（女ひとり、イスラム旅）中曾寫道，一名失業中的摩洛哥年輕人，從香菸、餐費到咖啡等，毫無忌憚地讓朋友負擔所有費用。因為人與人之間的連結很強，就算不工作，至少吃的部分都不需要擔心。於是，也就發展出不需勉強自己做自己不喜歡的工作這種社會氛圍。

話說回來，這也是可以輕易向其他人「求助」的社會。

以前在埃及搭乘計程車的時候，司機一臉悲傷地對我說：「我的母親得了重病住院了，需要負擔一筆非常龐大的醫藥費，務必請妳幫幫我。」然後給我看了類似醫師診斷證明的文件。

日本人認為有困難的時候應該自己想辦法，輕易向他人求助是不好的。但是在當地，他們認為「煩惱也是安拉造成的，不是自己的錯。」所以，向別人求助並不是那麼可恥的事情。

雖然布施非常盛行，但是貧困者並沒有因此而減少。有些國家貪汙瀆職的狀況非常嚴重，導致政治、經濟、社會系統無法正常發揮功能也是原因之一。

但是如果沒有貧困者的存在，也就失去布施的機會。這麼一來，也就少了一種前往天國的手段，所以在穆斯林的社會中，存在著貧困者似乎是必要的。

在伊斯蘭世界，常常可見大白天就待在咖啡店休息的男性，其中有一些是大老闆，有些則是失業的人。我們一般都會認為「身為成年人白天應該工作」，但在這個給予不工作的人一個休憩地點的社會，反倒讓人覺得鬆了一口氣。

辛勤、工蜂大量存在的社會，以及不工作的人也有容身處的社會，我認為正因為兩者都存在於地球上，才能夠取得平衡。

女性如寶石一樣重要

伊斯蘭教強調女士優先

伊斯蘭教認為女性是「需要被保護的對象」，也有「女性是寶石」這句話，意思是女性如同寶石一般重要且高貴。

由於對女性的優惠待遇是社會規範，所以在車站或電影院排隊買票時，女性可以堂而皇之的插隊，男性絕對不會有半句怨言。

我在當地排隊時，男士們也會退開一個位子讓我插隊，讓我覺得很不好意思，但是當地的女性並沒有這樣的想法。

搭乘巴士或電車的時候，跟自己父親差不多年齡的男性讓座給我。在車水馬龍的路上，當我不知該怎麼過馬路的時候，一名少年牽著我的手，領著我順利走到馬路的另一邊。

寫到這裡，大家應該會覺得「重女輕男」很不公平！但是，在伊斯蘭社會壓根不存在這樣的想法，「男性很強大，女性很柔弱」是基本的男女觀。幫助弱者是當然的義務，女性受到保護和重視也是理所當然的。

儘管如此，我還是有被別人插隊的經驗。我在摩洛哥的車站排隊購買電車票的時候，前面兩三個人的位置有位阿婆插隊進來，口中一直念著「我的腳很痛，沒辦法長時間站立。」沒有人拒絕她。因為她是「女性」又是「老人」，而且還是「腳不好」的弱者，是最需要優先被照顧的人。

生活費由丈夫負擔

伊斯蘭教規定，丈夫有義務負擔家計。

〈安拉已經在男性和女性之間決定了優劣關係。因為男性負擔（生活上必要的）費用，所以男性應該在女性之上。〉（古蘭經第4章34節）

提到「男性在上」，讀者們可能會認為「果然伊斯蘭教是男女不平等的」，但在這裡指的是生理構造上的優劣差異。男性的體力比較好，所以安拉命令「男性去工作」，有體力的男性必須負起這項責任。

「男女平等」是伊斯蘭教的基本理念。

〈我不會以男女來區分功德，你們（男女）本是相輔相生的。〉（古蘭經第3章195節）

雖然男女平等卻擁有不同的生理構造，依據彼此的不同決定擔任的角色。

當然，他們並沒有禁止女性出外工作。所以即使太太的收入比較好，還是必須由丈夫負擔家計。

曾經有一位和伊朗男性結婚的日本女性找我商量，「丈夫都不把錢帶回家，我想跟他離婚。」在日本，男人養家不過是一種約定成俗罷了，不負擔生活費也不會受到法律的制裁。但是如果他是穆斯林的話，就是違反了「安拉的命令」。

此外，在伊斯蘭教中，結婚的時候就已經決定好離婚時的贍養費了，此舉為的就是讓女性在離婚之後生活無虞。而且如果拖延不支付的話，也有從銀行帳戶強制扣款、支付的制度存在。

在養育孩子這方面也很體諒女性。

〈如果生母不願意進行哺乳，可以雇用乳母代替。〉（古蘭經第2章233節）

因為照顧小孩是一件非常辛苦的工作。

〈不管怎麼說，母親在腹中懷著他的時候非常辛苦，所以身體虛弱，而且一直到他斷奶為止需要兩年時間。〉（古蘭經第31章14節）

理想的哺乳期是兩年（古蘭經第2章233節）。

還有，伊斯蘭教中的〈女性繼承的遺產是男性的二分之一〉（古蘭經第4章11節）這項規定看似有問題，但這是因為男性負擔家計的緣故。儘管女性繼承的金額較少，以結果來看還是得到比較多好處。

大家會認為「伊斯蘭教藐視女性」，不過其實它的教義反而是重視女性、保護女性的。

男人只負責賺錢

把錢帶回家是身為丈夫的義務。那麼，丈夫就可以在家中為所欲為嗎？妻子必須順從丈夫的意思嗎？

針對這一點，並不見得一定是「賺錢的人比較大」。

這是發生在伊朗札格洛斯山脈，搭乘計程車時遇上的事。我和計程車司機聊得很開心，最後演變成「今天來我家吃午餐吧！順便在我家過夜。」

司機問我：「話說回來，妳結婚了嗎？」

「結婚了。」我說。

「結婚了還一個人來伊朗，表示妳比妳老公強勢囉？」

我只是「這個嘛……呵呵」笑著含糊帶過，接著他也略顯不好意思地說「跟我家一樣。」

隨著逐漸接近目的地，道路也漸漸變寬。

「保險起見，我還是問一下我老婆（能不能帶妳到我家）」於是司機掏出了手機。

他們用波斯語交談，所以我不知道他們說了什麼，但是我聽得出來從對話中途開始，他的音調逐漸變小聲。

最後，答案是不可以。他的老婆似乎是說：「如果是男性的話沒關係，但是女性不可以。」

有一次我暫住在一位在巴基斯坦經營不動產業的男性家中，他除了自己住的公寓之外，還擁有另一棟公寓。其實他可以把那一棟出租給別人，但是因為太太說：「不行，出租給其他人會弄髒屋子。」所以沒辦法出租。

雖然另一棟公寓比較大，也是因為太太說：「現在這棟公寓地點很好（離娘家比較近，買東西很方便）。」所以住在這裡。

這兩個案例中的太太都是家庭主婦。

「男人只負責把錢帶回家，家裡的事由女人決定。」穆斯林的男人們如此怨嘆著，這似乎是「雖不中意不遠矣」。

美貌只給重要的人看

那麼，女性平常圍的頭巾又是為了什麼呢？不也是一種壓抑嗎？

關於這一點，穆斯林的女性提出以下反駁。

「如果，同時有包著紙的糖果和沒有包裝的糖果，妳會吃哪一種？包著紙的那一種對吧？暴露在外面的糖果可能有蒼蠅停在上面，也可能被髒手碰過。頭巾也是同樣的道理。因為女性的頭髮很美麗而且很高貴，所以要包起來。因為包著所以價值上漲，受到其他人尊重。」

就像是，把送給重要的人的禮物用漂亮的包裝紙包起來一樣，如同寶石一般高貴美麗的女性，也將自己的頭髮和肌膚遮蓋住。頭髮在當地是美的象徵，美麗的部分只讓最重要的人欣賞，並不是用來取悅不特定多數男人的東西。此外，因為男性容易受到女性的美貌所誘惑，所以遮蓋秀髮與肌膚，避免不小心誘惑男性，這也是伊斯蘭教特有的思考方式。

而且，近年來的頭巾出現了很多像是紅色、粉紅色和橘色等「日本比較不能接受」的大膽用色，也有出自知名設計師之手的產品。此外，也有許多人把重點著重在固定頭巾的別針上面，因為那樣的設計類似放大版的胸針，連縫製方式也考慮進去，如此一來完全成為一種「時尚」。

嚴格來說，頭巾並不在宗教上規定的義務裡面。古蘭經中並未寫到「女性要圍頭巾」這樣的內容。

以下這個章句可以作為要不要圍頭巾的根據。

〈除非經常必須露在外面，否則她們不應當展露她們美麗的部位。她們應當

戴上面紗遮蓋著她們的胸部。〉（古蘭經第24章31節）

這裡指的「美麗的部位」是否包含頭髮是一個問題。如同前面也提到過的，因為古蘭經有很多曖昧的記述，可以做各式各樣的解釋。大多數人的意見是「包含頭髮」，但這只不過是其中一種「意見」罷了。

也有一說是，一些地方在伊斯蘭教成立之前已經在使用頭巾。因為「遮蓋美麗的部位」這個教義更加助長了這個習慣，進而被定型化。

只有伊朗和沙烏地阿拉伯在法律中有規定圍頭巾的義務，但其他國家可以自由決定是否要圍頭巾。儘管如此，大多數女性都選擇圍頭巾，因為頭巾可以顯現出心地善良的一面。

從「被看」的女人變成「看人」的女人

因為遮蓋頭髮不是義務，所以女性更沒有遮蓋臉部的必要性。阿富汗女性穿著的罩袍（完全遮蓋臉部的頭紗）也跟伊斯蘭教毫無關係，而且並沒有「因為穿著罩袍所以是虔誠的伊斯蘭教徒」的說法。我有一位穿罩袍的女性朋友表示「因為穿罩袍不用化妝，比較輕鬆！」也有雖然不圍頭巾，每天都進行五次禮拜的女性。

我在當地也都會圍頭巾，這麼一來男性就不會一直盯著我看，也不需要吹整頭髮，還可以阻擋塵土，優點真的非常多。如果更進一步遮住臉的話，我甚至不會被發現是外國人。從「被看」的那一邊變成「看人」的那一邊，女性成功處在優越的位置。

在伊朗和阿拉伯半島，身著黑色長袍的女性很多。黑色長袍在伊朗稱為Chador，在阿拉伯半島則稱為Abaya，這是為了掩飾女性的身體線條，保護禁不起誘惑的男性而有的。那麼，女性是否很不情願穿著這套服裝呢？答案是否定的，因為黑色長袍其實非常方便。「到附近買一點東西」的時候，只要在運動服或是睡衣外面罩一件長袍就可以了。裡面每天都穿同一件衣服也沒有人發現！不需要煩惱「今天該穿什麼好呢？」更不用經常確認流行時尚。還可以掩飾貧富的差異，掩飾腿太粗或是看不到腰身等身材上的缺陷，遇到色狼的比率明顯下降。所以，大多數女性朋友們都欣然接受這套服裝。就算不是這樣，我也不認為她們會想穿背心或是短褲。

透過遮蓋這件事增加神祕感。

我與日本男性一同走在阿曼的街角時，每當與阿曼的女性擦身而過，他就會一臉色咪咪地說：「把頭遮起來看起來更漂亮呢！」

任何事物都一樣，不公開的看起來比較美。身處在伊斯蘭世界，我經常會這麼想。

畫在女性手上的是指甲花圖樣，指甲花是植物性的染料，
在結婚典禮等慶典時女性會將這個畫在手腳上。

與其在外偷吃，不如一夫多妻

伊斯蘭教規定男性最多可以擁有四位妻子。當丈夫和其他女人結婚時，當然會有心生忌妒的妻子。另一方面，也有「可以分擔家事」並且願意好好相處的妻子們。

針對「認同一夫多妻制」這個背景，有兩種說法。一種是，將伊斯蘭教興起前無限制的妻子人數限制為四人。另一種說法則是，伴隨著傳教活動，加上因戰爭讓未亡人與孤兒大量增加，為了進行救濟，所以推行一夫多妻制。換句話說，保護女性是主要目的。

擁有複數的妻子時，必須公平地對待她們才行。

〈如果你們害怕（自己一個人）不能公平地對待孤兒，可以跟你們所選擇的婦女結婚，娶兩個、三個或四個。倘若你們害怕（妻子太多）不能公平地對待她們，那麼就忍耐一點，只娶一個，或是娶一個你們右手所挾持的（女俘虜）。這麼一來就可以防止你們做出不公平的事。〉（古蘭經第4章3節）

因為強調「如果無法公平對待，娶一個妻子就好」，所以並不會積極地勸導多妻制。

穆斯林的男性們認為「與其外遇，不如直接娶來當妻子比較好」，這是一夫多妻制（中性的）比較合理的解釋。

在日本也有女性一直談不倫戀，導致最後錯過了適婚年齡的狀況。如果採行一夫多妻制的話可以結婚的女性也會增加，最終也會有助於提升生育率。在日本，如果是夫妻關係之外的男女，兩人生出的小孩會被稱為非嫡出子（私生子），並遭受到差別待遇。如果是一夫多妻制的話，就不會發生這種問題。

妻子罹患不孕症或是因為疾病無法做愛的時候，男性只能忍耐，在外面養小三或是選擇離婚。如果是一夫多妻制，不但可以維持婚姻，滿足丈夫在性方面的需求，並且生育下一代。

這時候，會感到困擾的反而是男性那一方。如果有跟多位女性結婚的男性，當然就會出現無法結婚的男性。此外，不管妻子有幾位，丈夫都必須負擔家計！「養一個就已經很辛苦了，怎麼可能養兩個甚至三個老婆？」這是非常現實的問題。

☪ 女性不能一個人走在外面？

知名外語片《腳踏車大作戰》（Wadjda）這部由沙烏地阿拉伯女性導演製作的電影，在日本上映時，電影傳單上頭寫著「一個禁止女性獨自走在路上或是開車的國度」。

我把這件事告訴住在沙烏地阿拉伯的朋友，朋友大叫著回應「女性不能獨自走在街上？哪有這回事！」

「我和其他女性都經常一個人出門，也常常在路邊攔計程車。不管白天或是晚上，女生一個人走在村子裡，也有很多女性一個人去逛購物中心。」

阿拉伯聯合大公國（UAE）和伊朗有女性計程車司機，我也曾經在阿曼看過好幾位女性駕駛四輪驅動車呼嘯而過，巴基斯坦甚至有女性機師。

阿富汗的塔利班雖然禁止女生上學，但是伊斯蘭教並未禁止女子教育，也有「知識的探求是所有穆斯林的課題」這樣的聖訓。最近不管是在巴基斯坦、伊朗或是埃及，大學的升學率都是女性比較高。

女性議員和女性公司經營者也增加了。土耳其、巴基斯坦、孟加拉、印尼等地的女性首相或是女性總統輩出，伊朗也出現了女性副總統。然而日本和美國則是至今尚未出現女性國家元首。

雖然偶有傳出潑硫酸事件、女陰殘割等伊朗女性的不幸事件，但是潑硫酸事件也曾發生在印度等地，女陰殘割也曾發生在基督教徒之間。這些事件雖然經常拿來與伊斯蘭教相提並論，但其實跟伊斯蘭教一點關係都沒有。

穆斯林女性獨自旅行並不像日本這麼普遍，也有女性不應該獨自旅行這樣的聖訓。伊斯蘭教中認定，旅行本身伴隨著勞苦，嬌弱的女性一個人旅行可能會遭遇危險，因此建議跟近親一同出遊。這不是為了剝奪女性的自由，而是為了保護她們。在伊朗和埃及，未取得丈夫許可，禁止妻子獨自到海外旅行。這一點確實讓有些女性感到不方便，不過為了處理事情獨自在國內旅遊的女性也是非常多。

日本也是一直到了平成的時代，女性獨自出遊才漸漸普及。在那之前日本國內還是存在著一種隱晦的氛圍，像是如果一個人投宿旅館會被推測是「要自殺嗎？」之類的。

重要的是，無法獨自出門旅行的穆斯林女性，是否認為這是一件不幸的事？比起個人，對於更重視家人的他們來說，無論男女，獨自出遊都不普遍。也有女性表示「如果把家人擱著不管一個人旅行的話，樂趣也會減半。」

某位女性說：「如果我一個人旅行的話，誰來幫我提行李呢？」對於沒有人幫忙提行李的我來說，每次出國的時候都煩惱著「該如何減少行李」，完全不需要煩惱這些事的女性們實在令人羨慕。

在伊朗名為 Kolbe 的小鎮公園內，女高中生們享受著騎單車的樂趣。

男女隔離是為了保護軟弱的男性

為什麼咖啡店裡只有男性？

在伊斯蘭教世界，下午兩點左右就下班了。

「到底該怎麼打發時間呢？」

日本人一定會覺得很不可思議。

下班之後，他們會先衝回家，和家人共進午餐。之後午睡一會兒，等氣溫變涼的時候再起床出門。

他們前往的地點是「常去的咖啡店」，位在住家附近，屬於庶民等級的店家，朋友們總是在那裡相聚。咖啡店的老闆也認識這些熟面孔，知道每位客人愛喝的飲料。

在這裡，男士們喝著加了大量砂糖的紅茶，或是在草蓆上一邊吸著水菸，一邊眺望街上往來的人們。

店內也有電視。當受歡迎的足球隊伍出賽的時候，男士們會大量聚集，咖啡店頓時化身為劇場。就算隔了很遠，還是可以聽到「哇——」的歡呼聲。

這裡也提供骨牌和雙陸棋等遊戲。大叔們一邊聊天，一邊交談著「話說回來，最近沒看到那傢伙呀！他怎麼了？」這裡也是男士們重要的社交場所。

令人開心的是，不管在那裡待幾個小時，都不會被責難。而且，紅茶一杯大約五十日圓到六十日圓之間，比喝酒要便宜許多，因此街上到處都是咖啡店！

為什麼男人每天都要來咖啡店呢？

家是屬於女人的，常常有妻子的朋友來訪，見到她們感覺渾身不舒服。在伊斯蘭社會中，男性最好不要跟妻子以外的女性有接觸。

而且如果在家裡看電視的話，太太會拚命嚷嚷著「喂！你不要一直看電視，幫忙做一點家事吧！」如果看搞笑節目「哇哈哈」大笑的話，又會被準備考試中的女兒翻白眼。

所以他們被迫來到咖啡店，在這裡可以見到不需要顧忌這麼多的朋友。

（啊！不管什麼時候來這裡都覺得很放鬆。）

一邊這麼想著，一邊叫老闆過來，「喂！我要點平常那個。」

男性無法抵擋女性的性魅力

女性不能進入庶民等級的咖啡店，雖然伊斯蘭教沒有明文規定禁止，但是就算進入「男性的聖域」，待在那裡，也不會覺得舒適。

其中也有女性，甚至連通過咖啡店前面都覺得很不舒服。

阿拉伯世界中，突尼西亞被稱為是西化最徹底的國家，我曾有一次在南部小鎮上的一個家庭裡暫住。這是發生在我跟那一家的二十歲女兒一起到市場時的事情。在馬路尾端有一間咖啡店，裡頭當然都是男性，我打算走到那裡的時候，女兒表示：「我不想經過那裡。」「因為男人都一直盯著我看。」

回程時我想上廁所，幸運地發現了一間加油站。（那裡應該會有廁所吧！）於是我對她說：「我想到那裡借廁所！」但是她說：「不要！那裡有很多不認識的男人。」託她的福，我不得不一直拚命忍著尿意，走了三十分鐘到他的親戚家借廁所。

在埃及面對地中海的小鎮羅塞塔（Rosetta），
兩位大叔在海邊吸著水菸休息。

伊斯蘭教興起的時候，男士們色瞇瞇地看著女性，讓女性產生不好的印象。也有男性會搭訕不管已婚或是未婚的女性，讓女性感到困擾不已。

於是，安拉下了命令。

〈告訴所有男性信徒們：他們應當謹慎地垂下視線（對婦女不應當凝目平視），遮蔽下身，並且要保持貞潔。〉（古蘭經第24章30節）

但是，男人這種生物，不管再怎麼禁止他盯著女生看，如果有一位露乳溝的性感美女站在面前，他還是會忍不住多看幾眼。如果這樣的美女坐在辦公室隔壁座位呢？每天看著她，難保不會對她興起邪念。

人類是脆弱的，特別是男性，更是難以抵抗女性的性魅力，包括色狼和強姦犯，加害者幾乎都是男性，所以守護女性是絕對必要的。

因此，人們決定將男女的空間作出區隔。如果更進一步隱藏女性的頭髮和肌膚，就不會刺激男性。「眼前有最喜愛的冰淇淋，如果沒辦法享用它，把它放在看不到的地方，心情也比較輕鬆吧？」就是這樣的道理。

於是在伊斯蘭教世界中，男女隔離變成了基本教義。伊朗的地下鐵有女性專用車廂，車廂裡還有許多專門販售給女性的商品，包括運動服、胸罩和頭巾等等。

女性們拿在手上「這個不好，那個也不好」不停地品頭論足，感覺有點像女校的氛圍。

在巴基斯坦，餐廳大多設置了女性專用的包廂，裡面還附設廁所。在巴士上，女性一定會坐在前半的位置，男性則坐在後半。如果讓男性坐在前面的話，一回頭就會看到女性的臉。

如果女性為了討好男性而露出笑容，故意表現出纖弱的動作或是言語，這些都是伊斯蘭教所不允許的。這會讓男性誤以為「該不會是對我有意思吧？」因為平常就限制男性與女性接觸，所以只要女性稍微有一點小動作就會非常在意。

〈對人不要使用溫柔的言語，以免心裡有病的男人在心中燃起對妳們的思慕，必須使用端莊得體的語言。〉（古蘭經第33章32節）

和巴基斯坦男性結婚並居住在巴基斯坦的一位日本女性，據說進入店內對男性店員親切地打招呼後，被小姑糾正「在這裡女生不可以做這種事。」「只可以討好丈夫而已，女性對外必須表現得更加堅決才行。」

脫光的公共浴場令人難以想像！

女性為了不讓別人看到肌膚而被要求必須謹慎選擇服裝，這一點男性也是一樣的。在伊斯蘭教世界，男性被規定不可以裸露腿部或是胸部。即使是夏天，大部分男性還是穿著長袖，忌諱穿著短褲。據說，我一位派駐在伊朗的朋友穿著短褲在街上走，就被擦身而過的男性翻白眼，甚至還被「啐」的一聲吐口水在身上。

當地男性的民族服裝，以寬鬆的上衣和鬆垮的褲子居多。身處沙漠氣候之中，這樣的裝扮比較舒適，同時也能達到陰部部位不會過度明顯的目的。由於看不到肌膚的寬鬆服飾比較高尚，所以比起穿短褲的男性，穿西裝的男性看起來更有魅力，這是同樣的道理。

適度的行為不只是在男女之間，同性之間也同樣受約束。也就是說，人們不會暴露裸體給別人看。聖訓中有「男性不可看男性身體的局部，女性也不可看女性身體的局部」這樣的要求。做土耳其浴（公共浴場）時，也必須穿著短褲才能進入浴場。日本全身脫光的錢湯（收費公共浴場）對當地的人來說根本無法想像！因為羞恥心作祟的緣故。穆斯林的聖訓中就提到「安拉給予人類最美麗的東西就是羞恥心」。

因為男女隔離，造就女性事物的活躍

男女隔離給人一種「將女生關在家中」的印象，但其實造就了女性事物活躍的一面。女性患者比較希望接受女醫師的診治，女學生也會比較喜歡女老師。

伊朗的都市裡有很多女性計程車司機，車子在某種層面上就是一個密室，當然也有不想跟男性司機獨處的女性。

在巴基斯坦北部大城吉爾吉特（Gilgit），我遇到了一位女性婚紗攝影師。雖然在拍攝婚紗照的時候女性露出了秀髮，但是也有很多女性不希望自己的頭髮被丈夫以外的人看見，因此對女性攝影師的需求度更加提升。

這位攝影師芙吉亞（Forgia）的攝影棚位在Woman's Market裡面。這是女性專用的市場，只有女性才可以在這裡購物，賣的包括女性內衣店、飾品店、美容院等，全部都是跟女性相關的店家。

雖然市場營業到晚上七點，但是芙吉亞的攝影棚一直到半夜兩三點依然燈火通明。因為工作太忙了，如果不營業到半夜實在應付不來。

我看了她拍攝的夫妻照相簿，保存在厚重箱子內的相簿，寬三十公分，長四十公分，厚度有五公分，拿起來非常地沉重。翻開一看，裡面盡是宛如電影明星般的男女，擺出各種姿勢拍攝的照片。當地的人輪廓很深，不乏俊男和美女，再加上婚紗照在化妝和照片呈現上都特別下工夫，每個人搖身一變都成了電影明星。

她全神貫注對著電腦，使用影像處理軟體，將攝影棚內拍攝的照片背景替換成公園或是海邊，並且用心消除肌肉上的皺紋和黑斑。雖然她雇用了兩名女性助手，但她們只負責將照片去背而已。包括攝影、圖像細部處理等全部由芙吉亞一手包辦。每天從早上八點開始工作，晚上六點回家吃飯之後再回到攝影棚。「最近每天只睡兩三個小時。」她有一個兒子和一個女兒，據說由婆婆幫忙照顧。

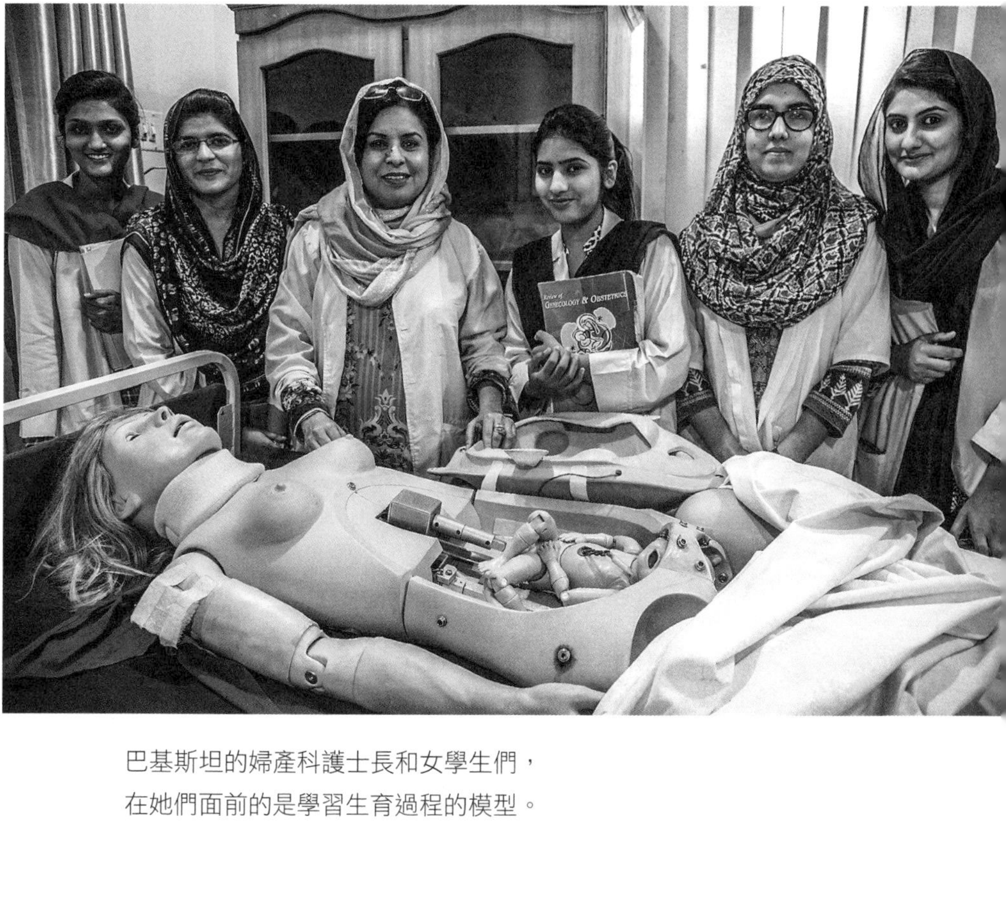

巴基斯坦的婦產科護士長和女學生們，
在她們面前的是學習生育過程的模型。

幫助旅人

超乎常識的各種親切應對

常常有人問我「伊斯蘭世界為什麼這麼吸引妳？」答案只有一個，「因為他們熱情又親切」。

當然，全世界各地親切對待旅人的人到處都是。但是伊斯蘭世界不管是親切的人的比例，還是親切的程度，都是其他地方所無可比擬的。

舉個例子。

這是發生在我從伊朗北部大城大不利茲（Tabriz）搭共乘計程車，前往郊外時的事情。乘客全數都是女性，我的身旁坐著一位身穿黑色長袍，看起來很高雅的中年婦女。

抵達終點站後，我聽到計程車費是三萬里亞爾（rial／IRR），但是身旁的中年婦女不知為何支付了六萬里亞爾。當我打算將三萬里亞爾交給司機的時候，司機說：「那個人已經幫妳付了！」但我跟那名女性在車上完全沒有任何交談。

我去了一趟位在土耳其黑海沿岸的城鎮烏潤克尤（Uzungol），那是十一月底，好像快下雪一般寒冷的日子。我打算喝杯茶暖暖身子，於是走進喫茶店並且點了一杯紅茶。等了十分鐘，端出來的是在大盤子上漂亮擺盤的早餐。包括番茄、小黃瓜、水煮蛋、麵包、奶油、果醬等色彩豐富的擺盤。「我沒有點這道料理！」當我這麼跟店員說的時候，他臉上浮現出微笑後回答，「這是我的一點心意，請妳慢慢享用。」

接著是發生在伊朗地方都市的故事。晚上十點左右我還走在路上尋找投宿的飯店，一輛車突然停在我的面前，車上坐著一家大小。坐在駕駛座的爸爸對我說：「這麼晚了妳打算去哪裡？不介意的話來我家過夜。是不是要住飯店等明天再決定就好。」

我在二〇一五年的時候到伊朗旅行二十天，卻完全沒有住在飯店。因為所到之處，都有認識的人招待我到他們的家中。

旅人也是「弱者」

這種程度的親切到底是從何而來呢？

首先可以想到的就是伊斯蘭教的教義。旅人和貧困者、孤兒同樣被列為喜捨的對象，因為旅人是不熟悉這片土地的「弱者」。

說到在伊斯蘭世界旅遊，最具代表性的就是「麥加朝聖」。在古蘭經誕生的時代，當時的生活比現在更加困苦。沒有飛機也沒有汽車，徒步前往動輒數個月，甚至可能花費一年以上的時間才能抵達麥加。因為是長途旅行，身上必須帶著大筆的旅費，旅人因而成為盜賊下手的對象。

麥加位在沙烏地阿拉伯，白天溫度超過攝氏五十度。在這樣的環境下接連走上幾天，對體力是非常嚴峻的考驗。此外，如果是從酷寒的巴爾幹半島前往酷暑的麥加，因為氣候差異過大而生病的也大有人在。有些人在抵達麥加之前就已經倒下了。

探求學問的旅行也是受到鼓勵的。為了追隨名氣很大的學者而踏上旅程，這是伊斯蘭世界獲得學問的方法。聽說西方有優秀的老師就去西方，聽到東方有知名學者就踏上旅途，為了追隨老師而到處移動。

因為這樣的「旅行」被視為是重要的，因此從中世紀開始發展出一套完整的旅人保護系統。地主在朝聖路線上建置住宿設施，旅人可以在一定期間內免費投宿。此外地主和有錢人也可以讓旅人投宿，據說也會提供金錢上的援助。而接待他們的那一方，也因此為自己平凡無奇的生活注入了活水，還可以得到最新情報，所以他們非常歡迎旅人上門。

偉大的旅行家伊本・巴圖塔（Ibn Battuta／1304～1368年）花了三十年的時間，走遍伊斯蘭世界各地。他之所以可以做到這件事，也是受惠於這套保護旅人的機制。

生於摩洛哥的他於一三二五年，當他二十一歲的時候為了拜訪各地的知名學者而離開故鄉。途經北非、埃及、敘利亞等地，最後順利完成了麥加朝聖之旅。隨後他又以麥加為起點，完成了伊拉克、伊朗、中亞地區、馬爾地夫各座島嶼、東南亞、中國等五次大旅行。這是遍及將近五十個國家，總計十二萬公里的旅程。期間不管他到哪裡，當地的地主和清真寺都非常歡迎他，讓他免費投宿。最後，他將這些經驗集結成《伊本・巴圖塔遊記》（Rihla ibn Battuta）。

喜歡跟人在一起

伊斯蘭世界的人們「熱愛款待」。對他們來說，與人之間的互動才是人生的樂趣。即使對象是素未謀面的旅人，還是會將他們帶回到家裡，這時候他們的家人也不會拒絕。只是突然帶外國人回家，家人還是會感到有點訝異，但是也很快就能打成一片，變成宛如親戚到家中拜訪那樣融洽的氣氛。

他們的家裡都很乾淨，儘管突然有人來訪也不用擔心。我想，他們已經習慣招待外人到家中了。換作是我，如果有客人要來我家作客的話，我必須花一整天打掃才行。

他們與鄰居的圍牆也很低。有一次，我被招待到巴基斯坦一戶人家中喝茶，他們喊著「過來拍照」，接著就有一位抱著小孩的女性一起入鏡。我一直以為她是他們家的人，沒想到居然是隔壁鄰居。

或許因為他們從小就在親密的人際關係中成長，養成了「和人在一起很開心」的氛圍。

所以他們不喜歡獨處！一個人旅行怎麼會開心呢？就是這種感覺，更別說是女性一個人旅行了。因為很少會有獨自旅行的女性，所以看到一個人旅行的外國女性更是過度為我擔心，甚至到了非常雞婆的程度。

我在伊朗搭乘巴士的時候，坐在隔壁的年輕女性突然將手機交給我。「我的哥哥有話跟妳說。」電話那一頭，她的哥哥說著：「我妹妹看到妳一個人，擔心妳是不是遇到什麼困難？因為她不會說英文，所以透過我翻譯給妳聽。」

食物應該互相分享

使用跟洗臉盆一樣大的盤子盛裝滿滿的料理，然後圍著它進食，這是當地的用餐模式。在地上鋪一塊布之後，排列好所有的料理，或許這也是可以隨意招待他人的主要原因。如果分裝成小盤，讓大家有規矩地進食，萬一突然增加人數的話就會有「盤子不夠用」「碗不夠用」「椅子不夠」等狀況。裝成一大盤的話，即使增加一到兩個人也沒關係。

就算是有外國人來家裡作客，他們並不會特別準備外國人喜歡吃的菜色，總是準備自己平常吃的東西。只有一次，我在伊朗的時候被招待到一戶人家的家中，他們說：「擔心料理不合口味所以煮了義大利麵。」這是非常罕見的情況。因為他們總是認為自己的料理才是最棒的。

伊斯蘭教認為「一切都是安拉的東西」，教義提到食物也應該共同分享。在公園裡，我與長凳上的一家人對上眼，於是他們就邀請我「一起用餐吧！」我和在區公所的窗口前吃著三明治的女性對上眼時，她也大方地對我說：「請用！」連搭計程車的時候也是，司機點燃香菸並且問我「要不要來一根？」這些似乎是古典制約、條件反射的動作，並沒有特別的意思。所以，先說一聲「謝謝」然後微笑地拒絕他們，這是基本的禮儀。儘管如此，他們還是堅持的話並表示是「真心的」，這時只要接受他們的招待就可以了。

突尼西亞的家庭，與家人一起享用「庫司庫司」（Couscous），
澆在上面的湯汁中加了馬鈴薯、南瓜和羊肉等食材。

外國女性是「公主」

「女性在伊斯蘭教世界旅行很辛苦吧？」我常常聽到這樣的意見。

但事實上是「非常輕鬆」。因為當地徹底執行男女隔離，巴士上不會有不認識的男性坐在身邊。女性專用車也很多，所以不會遇到色狼。搭乘共乘計程車的時候，坐在副駕駛座的男性會自動換到後面座位。這是為了不要讓女性坐在家人以外男性的身邊的特別顧慮。

此外，外國女性兼具了「女性」和「旅人」兩種身分，更是應該受到保護的對象。所以他們總是很仁慈、親切地對待我。當我在路邊招計程車時，附近的男性才剛說完「我要到〇〇……」就立刻大叫「喂！計程車！」把馬路對面的計程車叫過來，接著幫我交涉計程車費（也有不跳表直接談定金額的計程車），甚至還幫我付計程車資。

這是宛如「公主」一般的待遇。

而且「公主」在大部分場合都被允許擁有特權。

即使是男女有別的場所，如果是外國女性的話兩邊都可以進去。

就算是當地女性們不能踏入的庶民等級咖啡店，外國女性也享有特別待遇。就坐之後，老闆很害羞地過來點餐。我混在抽著水菸的大叔群之中，喝著一杯五十日圓的紅茶（不加糖），這是我在旅途中的小確幸。

結婚典禮也大多男女有別，但是外國女性可以進入男女雙方的宴會之中。到目前為止，許多當地家庭之所以招待我回家作客，也是因為我是女性的關係。外頭的男性，不可以到有女性在的家中過夜。當我跟著男性導遊前去採訪在巴基斯坦船上生活的一家人時，只有我獲得允許進入船上的居住空間。晚上，我們在湖邊的村子裡過夜，我住在村民的家中，而那位男性導遊則因為是來自村子之外的男性，所以住在飯店裡。

因為是女性，所以活動範圍很廣。善用女性這個強項就可以恣意的旅行，全世界之中，這種事情只會發生在伊斯蘭教地區而已。

穆斯林的溫柔

當我搭乘埃及的市民巴士時，一位老太太被兩名男子攙扶著上車。男子們讓老太太坐好之後就下車了，看來似乎是剛好經過這附近，發現老太太行動不方便所以幫她一個忙。老太太看起來幾乎沒辦法自己走路，這種狀態下真的能順利抵達目的地嗎？雖然不甘我的事，但我還是這麼為她擔心著。過了二十分鐘左右，老太太要下車了。這時，目前為止坐在車上的另外兩名男子立刻起身攙扶老太太下車。

搭乘地下鐵的時候，如果有老人家上車的話，坐在位子上的年輕人會立刻讓座。這種快速反應，很可惜的，在日本的電車內幾乎看不到。而且被讓座的人還一副非常理所當然的樣子，但如果是在日本的話，老人家還會低著頭說：「不好意思啊……」

雖然古蘭經裡寫著「要對雙親仁慈」，卻沒有寫到「要對老人家仁慈」。穆斯林的說法是「老人是其他人的『雙親』，和自己的雙親一樣都是『親人』，所以必須仁慈地對待他們」。

那麼，這是為了實踐伊斯蘭教的教義而展現出的仁慈嗎？看到步履蹣跚的老人家要過馬路，腦中立刻浮現「對老人家仁慈可以前往天國」所以幫助他們嗎？

我認為這應該是古典制約、條件反射的動作，是身體的自動反應。

在路上把認識的外國人帶回家，與其說是出自宗教信仰，其實是認為外國人是不習慣這片土地的「弱者」，想要幫助他，才會想邀請他到家裡聊天吧！

對乞討者的布施也是，如果沒有關懷貧困者的慈悲心，應該沒辦法做到每次都從口袋裡掏出零錢的動作吧！

女性是應該受到保護的對象，為了實踐這項教義，在巴士中讓座給女性，排隊的時候也讓女性插隊。在論及宗教的教義之前，已經打從心底認定女性是柔弱的不是嗎？

這就是大多數穆斯林所擁有的「仁慈的心」吧！

中東的氣候和風土條件也產生了影響。在沙漠這麼嚴苛的自然環境中，如果不互相幫忙根本無法生存。我的游牧民族攝影對象「賽達」常說：「我不在的時候如果有人拿走水和食物，我也不會認為他是小偷。因為在沙漠中，水和食物都是有限的。」這種互助的心，透過伊斯蘭教中救濟弱者的思想而變得更加強烈，而且基於「人類是脆弱的」這個伊斯蘭教的思想，衍生出了對他人的關懷。

人類本來就具備著「仁慈」這項本能對吧？但是當你忙碌的時候，這項本能會逐漸被逼到角落。在伊斯蘭教世界，這項本能現在依然發揮它的功用。雖然忙於工作的穆斯林也很多，卻沒有為了工作犧牲做禮拜或犧牲家庭的想法。

總之，伊斯蘭教世界的人內心善良又溫暖。就像泡在溫水中一樣，可以仰賴當地人完成旅程，這種地方是世界上獨有的。就是這樣，我再次很自然地踏上前往伊斯蘭世界的旅程。

Chapter 4

家族之間的羈絆

在埃及的結婚典禮上熱舞的新郎與新娘。

結婚是人生的一半

結婚等於可以有性行為

男性「常去」的咖啡店裡面看不到女性的身影，走在外頭的女性都圍著頭巾，完全看不出腰圍和臀圍，甚至根本不知道她是誰。就算想和女性交往也沒辦法。

（唉——真是無聊。）

男性小聲地說著。

於是，安拉下達了命令。

〈允許你們跟你們之中可以相伴的人結婚，如此一來才能夠極度謙遜地守護陰部。〉（布哈里聖訓）

只要信徒一個接著一個結婚，就會繁衍後代子孫，也會擴大信徒人數。這樣一來，對安拉來說是非常值得喜悅的事。於是結婚有一半成為義務，也有〈結婚是信仰的一半〉這樣的聖訓。信徒透過結婚更加接近天國。

於是，伊斯蘭教的男士們平常的享樂就是這兩項：在常去的咖啡店裡啜飲超甜的紅茶，或是在家裡跟老婆做愛。還真是不花錢的享樂啊！

透過結婚這個儀式，終於取得性愛的通行證。所以明明結了婚卻不做愛，這是他們無法想像的。

我們在結婚典禮之後首先要安排一趟蜜月旅行，穆斯林則是「做愛」。

在埃及經營觀光業的艾哈邁德先生，於結婚典禮隔天開始，連續一週將飯店的蜜月套房包租下來，為的就是跟新婚妻子度過密集的兩人時光。

「待在飯店裡很無聊！」這是非常日本人的思考方式。

我聽說以前在摩洛哥鄉村的結婚典禮是這樣的。新婚之夜過後的一整個星期，夫妻兩人必須一直待在洞房內。這段期間妻子完全不准外出，也不煮飯。餐點由家人或是丈夫負責準備，妻子必須一直跟丈夫待在床上才行。

相對的，能得到平靜與溫暖

伊斯蘭教的婚姻也是在男女結合之後，為了得到平靜與溫暖的一種方式。

〈她們是你的衣服，你們也是她們的衣服。〉（古蘭經第2章187節）

意味著夫妻之間就像是溫暖彼此的衣物一般。

〈為了你們著想，從你們身體的一部分創造出妻子，你們能由她們得到身心的安寧。安拉在你們之間注入了愛和情。對於那些能夠省悟的人，這確是值得感念的神兆。〉（古蘭經第30章21節）

當然人們不光只是因為宗教之心而結婚，這整個社會充滿了「結婚是好的、快樂的」這種價值觀。因此才剛見面，就有人劈頭問我：「妳結婚了嗎？」結婚就是這麼重要，是人們非常關心的事情。

當他們知道我還是單身的時候，我明明沒有拜託，他們卻雞婆地不斷幫忙介紹對象。

二〇〇六年，我預定在埃及停留半年左右時間，於是開始找房子，當時我還是單身。某一天為了去看房子，所以我約了一位已經是家庭主婦的朋友一起去，沒想到，她卻帶了一個素未謀面的年輕人來。她說：「我覺得他可以作為藤代的結婚對象。」但我平常並沒有拜託她「幫我介紹對象」啊！

住在埃及的日籍友人之中，也有好幾位遇到過類似的相親邀約。「因為我不打算結婚所以回絕對方，在當地不用表示什麼就能夠結婚。」現在依然單身的女性友人語重心長地說。

因為伊斯蘭教是以家人為前提的社會，單身的人很難生存。日本稱為「套房」的房型，在當地是非常少見的。

基本上，如果沒有特定理由，原則上他們不會一個人住，只有在結婚之後才會離開家。如果女性打算一個人住的話，就會出現「娼婦」之類的傳言。

單身女性（雖然依家庭狀況不同）大部分都被留置在父親或兄弟的監視之下，就算離過婚也一樣。我的埃及友人離婚後短暫地住在家中，然後立刻就跟與自己的父親差不多年齡的男性再婚。「待在家裡，不管要去哪裡父親和弟弟都會一直追問『妳要去哪裡？』『幾點回來？』真的很煩人。」

先有愛情？還是先結婚？

錯過這次就沒機會了

因為伊斯蘭教禁止自由戀愛，所以男女關係全部都是以結婚為前提。日本男性會以「我想跟那個女生交往」這樣的角度看女性，但是在伊斯蘭教世界則是以「是否適合作為結婚對象」作為判斷的依據。因此，當男性認定「就是這個人」了，一直到結婚為止的進展是相當快速的。

我有一位摩洛哥的友人，有一天帶著壞掉的硬碟到電腦銷售門市，認識了在那裡工作的丈夫。據說，他第一眼看到我的朋友就決定「娶回家當老婆」。於是立刻開始詢問她，「妳叫什麼名字？」「妳的父親從事什麼行業？」「今年幾歲？」等問題。我的朋友完全沒有意識到他的意圖，一五一十回答了所有問題。過幾天，當她到門市取回硬碟的時候當場被求婚，她也立刻答應了。或許是在被求婚的瞬間墜入愛河吧？隔週，他就到我的朋友家中正式拜訪並且求婚。

一般大家都會認為，因為是男女隔離的社會，男女互相認識的機會很少，所以相對比較晚婚吧？

事實卻是相反的！因為周遭的異性很少，遇到偶然的緣分時，會產生「如果錯過這次就沒有下一次了」「我一定得想盡辦法把握這個對象」等焦慮的心理現象。他們就是以這樣的方式掌握住難得的機會，順利地走向結婚之路。

異性一個接著一個出現的話，就會認為「可能還有其他更好的對象」，最後落入「回過頭來發現一直都是一個人」這樣的結果。

此外，因為對異性沒有免疫能力，只要遇到有緣分的異性立刻就會臉紅心跳，才見一次面就發展出戀情的狀況也很多。如果彼此都是被介紹認識的話，女方突然害羞地臉紅並且低下頭，光是這個舉動就會讓男方怦然心動。

當然，雖然是和父母推薦的對象結婚，但是如果個性不合還是會離婚。

在巴基斯坦，直到現在還是有一直到結婚當天為止都沒見過彼此的現象。我在喀拉蚩遇到的二十歲女性，十四歲的時候就跟父母決定的對象結婚，結婚之後才知道丈夫吸毒和酗酒。後來還對她家暴，甚至在施暴之後潑灑汽油在她身上。現在，她帶著兩個孩子與丈夫分居中，如果法院判定離婚的話，丈夫有極高的可能性會把小孩帶走，所以她決定不離婚。

但是在伊斯蘭教中，結婚之前必須要確認過女性的意願才行。不可以勉強女性跟自己不喜歡的男性結婚。

〈當先知說「已婚的女性如果沒有事前確認過她的想法就不能要求她改嫁，還是處女的話，也必須得到她的同意才可以讓她結婚。」的時候，信眾們詢問「該如何確認她已經同意呢？」先知回答「當她沉默的時候」。〉（布哈里聖訓）

根深蒂固的「處女」情結

雖然結婚前禁止男女之間的交往，不過因為伊斯蘭教世界的大學採男女同校制，實際上男女的交往狀況相當頻繁。

而且，積極尋求機會的大多都是女生這一邊。透過朋友問到對方的手機號碼，這是很常見的手法。大學裡面以女性學生人數較多，學歷高的女性希望結婚對象是和自己同等甚至是更高學歷的男性。如果不在求學階段找到適合的對象，之後就沒有機會了。而且因為就業困難，即使是擁有高學歷的女性也不保證一定可以找到工作。當然也就有人轉而尋求結婚，這個永久職業的鐵飯碗。

但是就算是在交往，雙方都不會跨越那條界線。如果雙方都對彼此有好感，就會介紹給父母，發展成為相親的形式。

但是，當中還是有跨越那條界線的男女。之後兩人會結婚嗎？大部分情況都是否定的。

因為男性是這樣想的。

「還沒結婚，就跟自己發生關係，肯定也會跟其他男人發生關係吧！」

「跟她只是玩玩而已，還是跟父母決定的對象結婚比較好。」

自己跟別人發生關係，卻堅持「結婚對象是處女」的男性相當多！其中也存在著「之前的男人做愛技巧比較好吧？會被拿來做比較吧？」這類擔憂。或許是因為沒機會跟女生交往，所以男性執著的心也變得比較強烈。

因此，他們也會確認結婚對象的處女資格。伊朗的男性友人表示，首都德黑蘭有80％，二線都市大不利茲則有95％的比例，婚前會帶著女方去找「特別醫生」

進行檢驗和確認。雖然我的朋友不在意女方是不是處女，但是在姊姊和母親的堅持之下，最後還是帶著女方去做診斷。

對「處女」和「處男」不會感到困擾嗎？

「比起是不是處女，彼此個性合不合更重要吧？」

「無法自由戀愛交往，不是很無聊嗎？」

我們會這麼想是理所當然的，但是針對這點穆斯林的女性是這麼回答的。

「比起被喜歡的男性說『她是我的女朋友』，若被說成『未婚妻』不是更令人開心嗎？」

「女性是寶石。在這裡，如果男生不結婚的話，連女生的手都握不到。難道要免費跟他做愛嗎？這樣未免太便宜他們了。連娼婦都是要收費的呢！」

總之，男女雙方「目標一致」是一件好事。反觀日本，女生心裡想著「最快跟這個人結婚的方法是什麼？」男生想的卻是「如何交往才能不留下爛尾、順利分手？」因為穆斯林沒有這種想法上的差異，交往可說是「完全不浪費時間」。

處女和處男結婚，難道不會發生因為性生活不協調而離婚的狀況嗎？

關於這一點，因為不管婚前還是婚後，合法的做愛對象就只有丈夫一個人，實際上，根本沒辦法抱怨彼此合不合適這個如此「奢侈」的事情。再說，合不合適的前提必須有比較的對象。只要沒有其他經驗，就沒有比較的基準。假如有經驗的話，就會跟之前的對象比較，然後演變成「還是之前的比較好」這樣的結局。

不管第一次上床是在結婚前還是結婚後，對女生來說都是充滿期待的，這一點跟日本一樣。

通常，女生們在結婚典禮前幾天都會到土耳其浴場（公共浴場）進行臉部按摩，並且仔細的去除身上的毛髮。因為，她們認為柔順光滑的肌膚可以增加男性的快感。

除毛時會使用名為HALAWA的東西，也就是做「糖化脫毛」手續。先擠五至六顆檸檬，加入一公斤砂糖攪拌均勻之後，再倒入熱水中熬煮到黏稠狀為止。接著將它塗抹在皮膚上，糖撕下來的時候毛髮也會跟著一起脫落。

由於她們相信「豐滿的體態會給予丈夫性的歡愉」，所以積極地食用雞肉等營養豐富的食物。這點，甚至可說比日本更積極地做準備。

幾乎沒有約會就直接結婚，之後彼此相愛一生的夫妻也不少。

這是在我旅居於伊朗二線都市時發生的故事。我在前往市內公園途中不小心迷路了，於是向剛好經過的男性問路，他就帶著我抵達目的地。途中，他多次邀約，說著：「來我家一起吃晚飯吧！我太太的手藝真的非常棒。」剛開始我拒絕他，但是他很堅持不斷地邀約，我因為無法拒絕，最後只好跟著他回家。

他們端出來的料理是「番茄小黃瓜沙拉」和「番茄燉煮雞肉」等經典美食。儘管如此，因為開始用餐的時間已經接近午夜十二點，我很睏，所以完全不記得味道如何。在日本有「手前味噌」（意指自家製作的味噌風味獨特而感到自豪）這個字，如果是心愛的妻子親手做的料理，不管什麼都覺得特別好吃。

在埃及，街上有很多女性內衣專賣店。櫥窗裡展示著粉紅色的性感睡衣和豹紋丁字褲，大量的情趣內衣就這麼光明正大地展示出來。櫥窗前站著一對親密、手牽著手認真觀賞的中年夫妻，這是很常見的景象。

性感內衣是炒熱夫妻夜晚興致的重要道具。獎勵夫妻間性行為的伊斯蘭教世界中，性感內衣絕對不是隱晦的東西。

「親愛的，幫我買那件紅色內褲啦！」

「比起那件，那邊那雙黑色吊帶襪怎麼樣？感覺比較火辣。」

彷彿可以聽到這樣的對話。

日本和歐美各國都是先談戀愛再結婚，但是伊斯蘭教的婚姻則是在婚後才有愛，只是順序不同而已。而且，因為除了夫妻之外不會跟異性發生性行為，對於性愛的興趣僅止於夫妻之間，也可說更因此發展出親密的夫妻關係。

位在埃及開羅市中心的內衣商店前，
看著櫥窗內的內衣持續小聲對話的夫婦。

結婚是契約

契約書上寫著「每週買〇次肉回來」

伊斯蘭教的婚姻必須簽訂契約。擬定好契約書後，由證人進行簽署，所以並不是把申請書交給區公所這麼簡單的事情。結婚占了信仰的一半，這是非常重要的事情。簽約時，除了新郎新娘和新娘的父親或男性親屬到場外，還需要兩位證人作證。

契約書中會寫入各式各樣的條件。首先是聘儀「麥亥爾」（mahr）的金額；可以分成事先支付或是事後支付，事後支付指的是離婚的時候還給女方的錢，含有補償金的意思。日本人會認為「還沒結婚就已經決定要離婚，這是不好的兆頭」。但是男女之間的愛情是靠不住的，人類是脆弱的生物，人的感情常常都在變化，此舉只是做好事前準備工作而已。日本人可能會認為「開誠布公談錢的事是很羞恥的」。不過，就因為這件事很重要，所以不能懸而未決。一開始就說清楚講明白，可以避免事後發生無謂的爭端。

也有人會加上「不可以跟我以外的人結婚」這樣的條件，另外也有「每週買〇次肉回來」這種內容。因為有很多家庭會請丈夫下班時，順便買食材回來。

新房原則上都是由男方負責準備。有人會租公寓，不過在埃及等地，基本上都必須是自己的房子。也曾經發生過，因為不滿意對方準備的房子和家具而宣告婚約破局的情況。

家居用品大多是由女方準備。父母親從女兒第一次月經來潮的時候，就已經開始準備結婚時的用品了。現在，薄型電視也成了生活必需品。夫妻邊生活邊存下生活費，再慢慢買齊這些東西的想法，似乎沒有。

妻子在結婚前所擁有的財產和私人物品，結婚後依然屬於妻子的個人財產；離婚的話就帶回她的娘家。為了證明是「妻子的持有物」，他們會製作持有物目錄。如果夫妻其中一方偷偷將持有物變賣的話，據說只要將目錄交給警察看就可以把東西要回來。

因為離婚是取消契約，不會有任何負面的形象。儘管如此，還是盡量不要離婚比較好，這一點是不變的道理。古蘭經中，就積極地勸導雙方和解。

〈如果擔憂他們雙方破局，就指派兩名調解人，一名來自男方，一名來自女方。如果他們希望和解，安拉就會使他們和諧。〉（古蘭經第4章35節）

由男方提出離婚要求時，不可將結婚時贈與對方的麥亥爾取回。

〈倘若你們決定娶一位妻子來代替另一位，即使你們已經把成堆的黃金給了她（被趕走的那一位），你們也不可以拿回分毫。〉（古蘭經第4章20節）

也有男人因為捨不得麥亥爾而不願意離婚。迫於無奈的女方，無論如何一定要離婚的話，就必須放棄麥亥爾。

男方提出離婚的話，只要說三次「我要離婚」就成立了，但是女方想要離婚，就必須有充足的理由。例如丈夫性無能、無法養活妻小、長期不在家或是下落不明、未經同意就娶第二個老婆等等。只要丈夫反對離婚，妻子必須提起訴訟來證明離婚的理由才行。因此這個真正的離婚，往往需要費時好幾年。於是，埃及在二〇〇〇年便推行了「Khula制度」，只要放棄麥亥爾，女方不需要提出證明就可以離婚。（《活在伊斯蘭教中的人們／イスラムを生きる人びと》岩波書店）

女性幾乎是專業舞者

東至孟加拉，西至摩洛哥，我參加過很多場婚禮。在日本，如果沒有受邀就不能出席結婚典禮，但是在伊斯蘭教世界卻非常歡迎人們臨時參加。

典禮大多男女有別，「唱歌和跳舞」是主要活動。跳舞的，幾乎清一色都是女性，男士們大多只是一本正經地喝茶聊天而已。

在埃及，平民的結婚典禮會在新郎或是新娘的家門前的巷子舉行。他們在巷子裡搭帳篷，到處掛滿了紅色和黃色的燈泡。典禮幾乎都會在晚上八點或九點左右開始，並用驚人的音量進行樂團演奏，接著一整夜享受音樂和舞蹈，有的會持續到天亮。附近的人應該覺得很困擾吧？會這麼想只不過是外國人的杞人憂天罷了。這是值得慶賀的場子，對此，沒有人有任何抱怨，附近的人們也會從陽台探出身子來觀賞。

舞蹈部分固定會跳肚皮舞，這是不斷扭動著腰部並且抖動肩膀和胸部的性感舞蹈。她們跳得非常好，讓在場的人都看到忘我。因為電視上經常播放肚皮舞節目，在很多場合，女生們常常可以看到肚皮舞的演出，一邊看一邊跟著跳，所以舞技日益精進，每個人都是小小職業舞者。

不只是結婚典禮上，像是生日派對或是家族聚餐等各種場合上都會跳舞。儘管伊斯蘭教認為音樂是不應該被推崇的東西，但跳舞實際上卻是家常便飯。

結婚典禮上會進行錄影拍攝。

當我旅居在伊朗的霍拉馬巴德（Khorramabad）時，曾受招待到一個魯爾族人（Lurs）的家中，當下頓時演變成女兒結婚典禮的錄影帶鑑賞大會！這真的非常有趣。

影片從新郎外出購買送給新娘的花束開始，新郎在花店領取花束之後，就駕駛心愛的車前往新娘身處的美容院。這段路大約花了十五分鐘。

終於抵達美容院。新郎下車後，踏上通往店內的樓梯。

一打開門，眼前出現的是換上新娘禮服，化妝完畢後完美變身的新娘。看到這一幕，新郎忍不住發出驚嘆聲，接著兩人手牽手坐上車前往婚禮儀式現場。這趟路又花了大約十分鐘。影片的開場還真長。

典禮會場選在餐廳裡，廚房正忙著料理招待賓客的餐食。新郎與大廚對話之後，嚐了嚐餐食的味道。如果對食物的口味感到滿意，就在盤子上放幾張鈔票當作小費。我看其他人的錄影帶也一定會出現「品嚐&付小費」的場景，這似乎是結婚典禮的固定儀式。但是料理不是應該由女性來品嚐味道嗎？關於這一點，可能是因為伊斯蘭教中認為新娘跟素昧平生的男性接觸是不好的，所以這是伊斯蘭教中特有的理由吧！

餐食的菜色出乎意料的樸實！主餐是米飯和可口可樂，伊朗人非常喜愛這兩樣東西。雖然也會加上一些肉，但主要的還是盛在大盤子上那滿滿的「白飯」。

用餐完畢，男女有別進行持續兩小時的舞會。首先是魯爾族人的舞蹈，隨後是肚皮舞。幾乎整整兩個小時都在跳舞。結婚的喜悅，似乎吹散了稍微呈現出的「疲累」。

親子之間的羈絆

母親的腳邊，就是天堂

我在前面提到，才剛見面就被問「妳結婚了沒？」這件事。

如果說「已經結婚了」的話，一定會被問「生小孩了嗎？」在日本如果回答「沒有」，通常對話就會到此打住。

但是，在伊斯蘭教世界絕對不是這樣。幾乎百分之百會被問：「為什麼沒有小孩？」

（你問我為什麼，我也不知道該怎麼回答啊……）

結結巴巴不知怎麼回答時，又會接著被問：「你們結婚多久了？」

這時只要回答「一年以上」，事情就會變得很麻煩。「丈夫不想要小孩嗎？」「你們做了什麼沒辦法生小孩的事嗎？」「有看過醫生了嗎？」問題排山倒海，一個接著一個襲捲而來。而且不只是女性，連男性也會直接提問。我就曾經被問過「你們有好好做愛嗎？」這樣的問題。

某位伊朗男士告訴我，「到伊拉克的卡爾巴拉，那裡的胡笙陵墓可以實現妳的所有願望。」我的埃及女性友人將有效生子的水，裝在寶特瓶裡面帶來給我，並且交代我「如果在天上看到最細的月亮，睡前記得喝這個。」也有人說：「親戚戴著這個順利生了女兒。」然後把御守交給我。

但是這些雞婆的舉動都沒用，我到現在依然沒有小孩。

於是，不管我走到哪裡，還是持續被問到「為什麼沒有小孩？」這個話題。沒有小孩的人最好準備一些像是「我們才剛結婚不久」或是「有一些狀況所以沒辦法生小孩」這種讓對方心服口服的理由。但是，如果說「剛結婚三個月」的話，他們會說：「我們這邊的女人不會把丈夫丟著不管，一個人跑到國外旅行哦！」這一點一定要特別注意。

結婚之後生小孩，然後自己親手撫養他們長大。這是女性應有的樣貌，也是一種幸福。所以「人生不應該只有結婚這件事」「沒有小孩也可以過得很幸福」這些話在伊斯蘭世界，完全沒有說服力。

之所以重視生兒育女，那是因為在伊斯蘭教中，多子多孫是很重要的支柱。

結婚換句話說就是做愛，而且很年輕就結婚，婚後立刻可以生小孩。不知道從什麼時候開始，「結婚立刻懷孕」對他們來說變成「理所當然」，也是新娘所殷切期盼的事。同樣的，女生也會有「如果無法懷孕的話丈夫可能娶其他妻子」這種危機感。

母親直到女兒懷孕為止，都放不下心。婚前幫女兒購買在床上討好丈夫的性感內衣，這是理所當然的！結婚之後也會傳授「聽說麻薏葉有助於受孕」之類的知識。

有了小孩之後，女性一夕之間就變得很強大。在伊斯蘭教中，人們必須對母親表達超越父親的敬意，有名的聖訓中就有提到這一點。

〈一名男性來到安拉的使徒跟前，『在眾人之中，我必須對誰盡我最大的心力呢？』先知回答，『你的母親』。接著男子又問，『接下來是誰呢？』先知回答，『接下來依然是你的母親』。這時男子進一步詢問，『在那之後是誰呢？』先知回答，『在那之後依然是你的母親』。男子又接著問，『在那之後是誰呢？』先知回答，『在那之後是你的父親』。〉（穆斯林的聖訓）

家人是喜樂的泉源

之所以重視生兒育女，是因為親子關係是人活著的喜樂泉源。

當我問：「人生中什麼事情是最快樂的？」跟我交流的游牧民族們異口同聲回答「結婚，還有生小孩。」「所有人生的喜悅都來自於家人。」這是他們的想法。

這是我和在伊朗西菈子（Shiraz）認識的家族，我們一起拜訪住在附近的牧羊人時發生的事情。那個家族只有夫妻和一個小孩而已，牧羊人則有十個小孩，都已經長大而且獨當一面了。

我們在樹蔭下吃著三明治，這時牧羊人對這對夫妻說。

「為什麼只有一個小孩呢？小孩是很棒的。所有的幸福都來自於小孩。其中一個拿麵包過來，一個拿甜瓜過來，另一個則拿奶油過來。活著不可以只是為了工作或是錢而已。」

以前會把小孩看成是勞動力，有越多小孩就有越多人手可以工作。但是，現在世界各地的教育費用都很昂貴，限制小孩人數的家庭也不少。在伊朗或是埃及，以生兩到三個小孩為主流，這樣才能讓小孩受到良好的教育。

儘管如此，還是有夫妻沒有生小孩，不過這算是特例了。尤其是，他們認為男孩子會繼承家業，同時也是年老之後的保障。

比起這些，當地以家人，尤其是親子關係中產生的喜悅為主軸。

雖然夫妻之間是以情與愛做為基礎，透過性愛，也只是某種程度上單純的契約關係罷了。但是，親子之間有著濃厚的血緣關係。

只要跟當地的人混熟了，他們一定會問我「有帶爸爸媽媽的照片嗎？」如果我說「沒帶」的話，他們一定會說：「真是不可置信！」離開家人的身邊，獨自一人跑到國外，居然連照片都沒有帶！該不會是因為太寂寞所以腦子燒壞了吧？他們應該會這麼想吧！

即使結了婚，還是會常常拜訪雙親和兄弟。如果住在附近的話，每天都見面，就算住得比較遠也幾乎每天通電話。雖然有老人院，但是他們並不打算把父母送到這樣的設施裡。他們會讓長期臥床的雙親睡在家中最好的位置，而且通常會是在客廳。

「對父母仁慈」這句話常常出現在古蘭經中。

〈要對自己的父母行孝，無論他們當中一位或兩位達到了高齡，絕不可對他們說輕篾的話，也不要苛責他們，要以尊敬的言語對他們說話。這樣你的心將變得溫柔，柔順的翅膀會悄悄地降臨在兩人的頭上。〉（古蘭經第17章23節）

古蘭經中有「十條命令」（古蘭經第6章151～152節），規範了「身為人最重要的事」。簡單條列如下：

①不承認安拉以外所有神
②要孝敬父母
③無論再怎麼貧窮都不能殺害自己的孩子
④不要接近關於性方面的可恥行為
⑤不可以殺人
⑥必須守護孤兒的財產
⑦商業買賣的計量不可以馬虎
⑧要說公平公正的話
⑨必須履行與安拉的契約
⑩必須遵從伊斯蘭教的教義

「孝敬父母」這件事被視為僅次於「安拉」第二重要的事。當然，重視家人這件事並不只是為了宗教考量而已。我已經重複提到很多次，因為家人才是幸福的泉源。

對於擁有很多小孩和孫子的穆斯林而言，年老之後是很放心的。一直到死為止，都可以跟眾多家人一起熱鬧地生活，死了可以前往天國。

沒有眾多家人的我，為了不要生病，不要受限於別人的照顧之下長命百歲，只能多注意身體健康了。

對穆斯林而言，結婚這件事代表著夫妻之間的性愛，生育小孩，最後形成一個家族，這些全部都是善行。生小孩這件事，就是給予小孩盡到「孝敬父母」這項善行的機會。只要努力生小孩，就可以更接近天國。

更進一步來說，家人可以帶來幸福和喜悅。生育眾多小孩和孫子，就可以生活在充滿溫暖的家庭之中。假日的時候，也不會有「因為沒事做而感到無聊」這種感覺，就算衰老了也有孩子和孫子幫忙。生小孩不僅是一石二鳥，甚至擁有三石、四石以上的價值。這樣的魅力，根本是我們所推崇的「活得健康」所遠遠不及的。

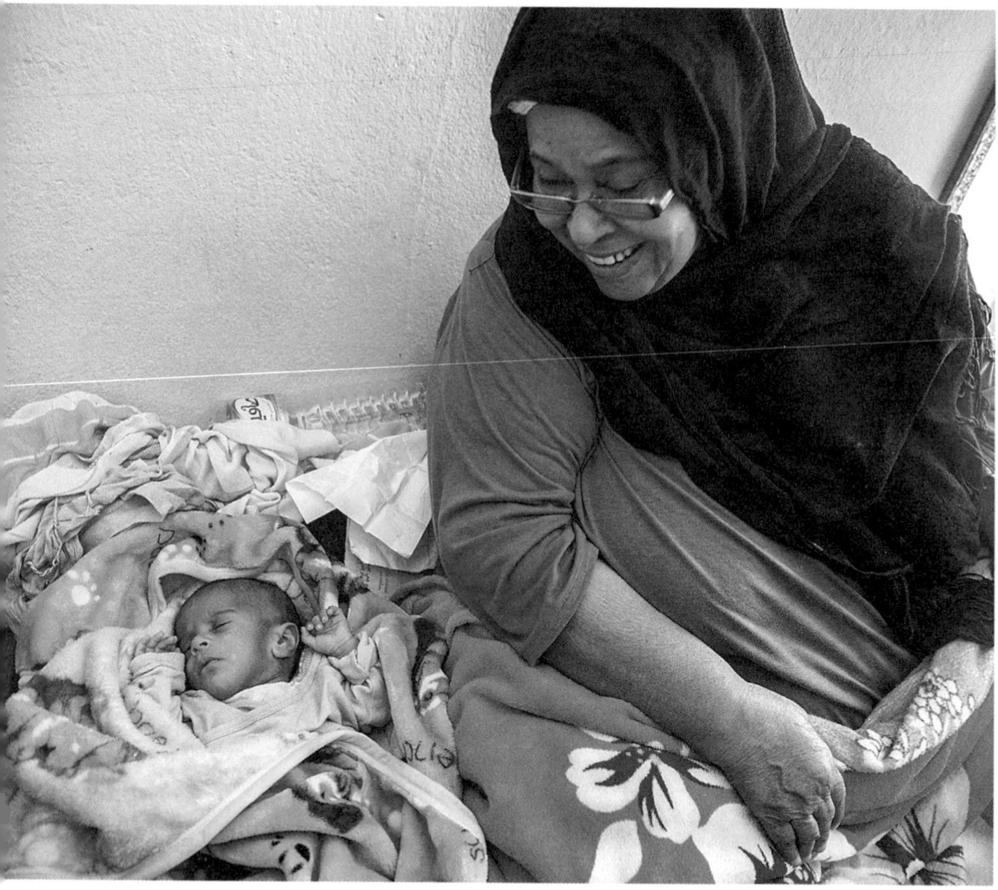

突尼西亞的奶奶與小孫子。
奶奶因為腳不方便，幾乎一整天都待在床上，
而且一定會有家人陪在身邊。

Chapter 5

伊斯蘭與日本

在清真寺中庭歡談的男女，攝於敘利亞首都大馬士革的奧米亞大清真寺。

我與伊斯蘭教的邂逅

「伊斯蘭世界很可怕。」剛開始我也如此深信不疑，但現在我為什麼每年都造訪該地？讓我來訴說這個契機。

大學休學後到印尼流浪

有生以來，我第一個造訪的伊斯蘭教國度是印尼。大學三年級的時候，我辦理休學，展開為期半年的流放之旅。

原因是「我渴望改變」。

我從小就非常怕生。記得幼稚園的時候，自己一個人在沙坑裡玩，其他小朋友過來對我說：「一起玩吧！」但是我實在太害羞了，假裝沒有聽到。念小學的時候，我總是固定在教室角落看書，完全沒有朋友。國中時鼓起勇氣加入體操社，但是因為無法和其他社員好好相處，很快就成為幽靈社員。我唯一擅長的就是念書，被同學稱讚說：「常見同學頭腦真好！」是我僅有的生存意義。

可是，進入大學之後突然一切都變了。我開始對念書以外的事情付出心力，包括打工、夜遊、跟團到海外旅遊……渴望改變那個只會念書的自己。

但是嘗試過一輪之後，一股空虛感竟襲上心頭。因為無論是海外旅遊、打工或是夜遊，這些都無法改變自己。

（這麼一來只好長期待在海外了。）

當時大學裡有一門叫做「東南亞學」的課程，授課教授專精於印尼研究，曾經住在當地的農村裡，與村民一同生活並進行田野調查。

「我的父親也是大學教授，每天都可以看自己喜歡的書，感覺日子過得很快樂，所以我也當了教授。」他以平穩的語氣這麼說。這種氛圍和我尚未造訪的印尼互相重疊，「這個人喜歡的印尼絕對是個好地方。」我就在毫無深思熟慮的情況下，決定前往印尼。

如果到一個人生地不熟，語言也不通的地方旅遊，或許可以改變自己！

事到如今回想起來，選修這門課，可說是決定了我日後的人生。話說回來，沒想到我的父母竟然同意讓我休學到印尼放逐呢！

住在當地民宅遊手好閒

我完全沒有特定的目的或計畫，爪哇島、蘇門答臘島、蘇拉威西島、峇里島……我跑遍了主要的幾座島嶼，在島和島之間搭船移動，島內則搭公車到處逛。在喜歡的地方高興待多久就待多久，想到什麼就往下一個城市移動。這是一場隨心所欲的旅程。

當我搭公車的時候，坐在隔壁的人一定會這麼問：「妳從哪裡來的？」「就妳一個人？」

我用稍微蹩腳的印尼話回了兩三句之後，出現了意料之外的發展。

「要不要來我家？」大部分人都會這麼對我說。

因為對我這麼說的大多都是中年婦女，所以我並不覺得害怕。取而代之的，反而是強烈的「他住在什麼樣的地方？」這樣的好奇心。由於這趟旅程沒有太多經費，所以可以節省旅費也是一件令人開心的事。

把不知道從哪裡來的外國人招待到家中過夜，準備餐食招待我，甚至還對我說：「高興待多久都行。」

「世界上竟然有這樣的人們！」
這件事對我造成很大的衝擊。

「辭掉工作吧！」的建言

這趟印尼之旅讓我體悟到攝影的樂趣，再加上我本來就喜歡寫文章，畢業後希望進入大眾傳播媒體工作，可是天性懶散的我太晚投入大眾傳播媒體的求職戰線，導致每一次面試都失敗。最後，進入唯一願意收留我的保險公司上班。

每天晚上我都加班到九點十點，卻依然保有「希望見識更寬廣的世界」這個想法。於是，我請假出發到國外旅遊，像是雅浦島（Yap）、越南等，盡是當時人們不常去的地方。

回到公司上班後，我開始到寫作教室和攝影學校上課，也會進出攝影棚。

某一天，我結識了一位專門前往巴勒斯坦拍攝的女性攝影師。因為這個機緣，我開始出沒在她所屬的攝影記者集團中。

在那裡，充滿了活躍在攝影界第一線的人們，包括婆羅洲島上的原住民、車臣共和國的紛爭等，他們各自追蹤自己在意的主題。

在那之前，我的心中一直有著從事國外採訪工作的想法，但是，這種隨便的想法是沒辦法成為工作的。首先，必須找到自己獨特的主題或切入點才行。

但是，什麼是自己的主題呢？

這點，坐在書桌前想破頭也不可能想透。但如果試著用這雙眼睛見識寬廣的世界，或許可以找到「就是這個」的領域或主題。

同時，我心中也強烈地有一個盡情環遊世界的夢想。可是上班族就只能請一個星期左右的假，時間實在不夠用。

這麼一來只好辭職了。

當時我身為上班族，待遇還算不錯！每年領三次獎金，住在公司幫忙安排的出租員工宿舍。我一直無法下定決心放棄這樣的生活。

「到底該不該辭職呢？」「什麼時候辭職好呢？」

好一段時間每天都這麼想。

就在此時，我認識了一位常常到攝影棚的男性，他持續拍攝住在美國的日裔二世。

我跟剛認識不久的他一起到附近的餐廳吃拉麵。用餐時，我不經意說了一句：「我想從事攝影方面的工作，煩惱該不該辭職。」

「辭掉工作吧！」一說完他立刻回應。

那是極為輕描淡寫的說話方式。「原來事情不用想得那麼複雜。」我當下覺得非常震驚。

「沒錢的時候，隨時跟我聯絡」

辭掉工作之後，我踏上為了找尋攝影主題的環遊世界旅程。

當初，我計劃用一到兩年的時間，從泰國走陸路向西前進，途經非洲、北美洲、南美洲等地，之後回到日本。

於是我從泰國經過緬甸往孟加拉移動。當時，我所搭乘的飛機受到季風的影響，宛如樹葉一般劇烈搖晃。我實在太害怕了，忍不住緊緊抓著鄰座孟加拉人的手臂。鄰座的男士可能非常放心不下吧！他很擔心我，一直陪著我走到飯店，甚至還幫我付了旅館的住宿費用。

孟加拉的人們非常和善，食物也非常美味。於是我在無預期的情況下，長期居留了一個月。

在印度則是不斷讓我陷入恐慌之中，首先是在電車的車廂內，被偷走了行李。我把行李放在位子上，上個廁所回來發現行李居然不見了。因為車廂中也有其他乘客，讓我掉以輕心。儘管我問了附近的人，大家卻都口徑一致地說：「不知道發生什麼事！」

我也常常遇到色狼。當我混在人群中參加祭典活動時，周圍的男士們不斷對我伸出鹹豬手。據說，當地的女性很少到這種地方，外國女性漫不經心地跑到這裡，簡直就是飛蛾撲火。

當我從印度進入巴基斯坦後，人們臉上的表情變得相當和善。我暫住的那個家庭，爸爸會護送我到巴士站。臨別之前問了我一句：「妳身上有錢嗎？」接著，他就從口袋掏出一些零錢塞到我的手中。那是足夠我在餐廳裡吃一頓飯的金額，讓我忍不住感動落淚。

下一站是伊朗。當時，我正前往世界遺產波斯波利斯（Persepolis）的途中，巴士的鄰座上有位男士，儘管和他家的方向相反，他還是陪著我來到遺跡附近的旅館，並且幫我付了這段旅程的交通費。「如果妳在伊朗這段時間沒錢花用的話，隨時打電話給我。」臨別前，他給了我一張寫著電話號碼的紙條。

我在土耳其的咖啡店喝茶，準備離開的時候，櫃檯的人對我說：「坐在那邊的客人已經幫妳買單了。」我完全不認識這位「坐在那邊的客人」，也不曾彼此對話。這種狀況也發生在餐廳用餐的時候。

當我在敘利亞的路邊攤開地圖，立刻有一群年經人聚集過來問我「怎麼了？」「妳想要去哪裡？」「妳迷路了嗎？」

這種「親切」的程度，已經遠遠超出日本人的認知範圍之外。我們所能想像的親切，就是有人向你問路的時候告訴他怎麼走，畫地圖給他之類的。但是在上述各地，他們會親自帶著你到目的地，儘管那是需要走上三十分鐘之久的距離。甚至，還會把這個剛剛才認識，素昧平生的外國人帶到自己家裡。

「中東地區很可怕。」

在我親身前往之前是這麼想的。

這種先入為主的觀念完全被推翻了。旅程中先入為主的觀念徹底崩壞，這是我人生中前所未有的體驗。在那之前我曾經到歐洲旅行，看到的就是我所想像的歐洲，美國也如同在我腦中刻劃的美國景象一般，印度則是充滿了混亂的感覺。

但是伊斯蘭教世界卻大不相同！當然，因為我是隨心所欲的旅人，只會看到自己認為美好的，表層的那一面。如果長期待在當地工作的話，絕對會看到自己所不喜歡的那一面。

所以，我做了一個決定。我想將這些國家真正的風貌傳達給大家，我的領域就是伊斯蘭教世界。

中斷環遊世界之旅，我在埃及定居

我從日本出發，十個月之後我抵達了埃及。

當我抵達開羅的第一天，走在路上時我突然靈機一動。

「我想在這裡生活看看。」

那是一種沒來由的，不可思議的舒適感。在那之前我造訪了很多城市，從來沒有讓我有過這種感受。

開羅市區雖然適度地進行現代化，另一方面也殘留著古老的東西。在宛如東京丸之內或是銀座那樣的商業區裡，有好幾棟幾乎化為廢墟的廢棄大樓。在賓士車旁邊有驢子拉車跑在馬路上；塞車的時候有車子會開上人行道；即使是紅燈還是有車子硬闖；到區公所洽公時，櫃檯的女性正大口地啃著三明治……

這種隨心所欲、鬆散的氣氛讓我心神嚮往。就像全然接受一切那樣，有種前所未有的包容力。

雖然在金字塔附近牽引駱駝的人，只要一看到觀光客就會開高價大肆剝削一番，但是一般庶民卻是很質樸且溫順的。有好幾次，我看到電車上如果有坐輪椅的人要下車時，周圍的人會立刻圍過來幫忙的景象。

但是，我要在這裡做什麼呢？

我找到了很好的藉口，就是「為了學習阿拉伯語」。

如果想要將伊斯蘭世界的故事傳達給大家，了解他們的語言會比較好。如果可以用當地的語言溝通，也比較容易融入當地人們的生活。在印尼，我已經有過類似的親身體驗。

於是，我住在一直到現在依然相當出名的廉價旅館「薩法裡旅舍」（Safari Hotel）裡，同時到語言學校學習。

有空檔的時候，我就單手拿著相機在類似貧民窟的街道上閒晃。

通常，如果走在紐約或中南美洲等地類似的貧民窟，立刻就會遇到強盜或是小偷。但是這段時間，當我走在開羅治安狀況相當混亂的地方，卻完全沒有遭遇到任何危險。

唯一讓人覺得厭煩的是小孩子。不知道是因為他們難得看到外國人，還是太閒了，一直跟在我的身後。如果不理他們反而會引發他們的興趣，對我丟起小石子，然後鼓譟著說：「中國人！中國人！」

有一天，來了一個非常堅持要跟著我的小男生。不知道為什麼，我忍不住一股沖上心頭的怒氣，拿著手上的相機就朝他的頭上敲了下去。在旁邊圍觀的大人們的反應，出乎我的意料。當下我以為一定會被大家包圍，受到嚴厲的譴責，沒想到他們卻對我說：「對不起對不起，這孩子真不乖！請妳原諒他。」我真的對那個孩子感到非常抱歉。

儘管我說「中東伊斯蘭世界是安全的」，相信還是有很多人無法想像吧！的確也有些國家陷入紛爭與戰亂之中，但是在那些地方以外的地區卻是非常和平的。

雖然在發生「阿拉伯之春」以後，狀況稍微有些變化。以前即使是女生，半夜獨自走在街上也完全沒有安全疑慮。當然，搭巴士時還是會遇到扒手和色狼，但是無差別殺人這類凶惡的犯罪，到現在還是相當罕見。

宗教是生活的重心

為什麼治安很好？我認為，原因之一是宗教深植在日常生活之中。

雖然埃及給人的強烈印象就是金字塔等世界遺跡，但是當地有九成人口都是伊斯蘭教徒，而且大多是宗教信仰非常虔誠的人。

在星期五中午的伊斯蘭教聚禮，擠不進清真寺內的爆滿人潮，就在大馬路上進行禮拜。開始進行禮拜之前，清真寺的導師會進行持續三十分鐘的講道，內容是關於伊斯蘭與世界情勢。在炎熱的日光照射之下，人們坐在馬路上專注地聽講。

一天之中會提到「神」好幾次。在開始用餐前說「以安拉之名」（Basmala）；遇到好事會說「多虧了安拉」（Alhamdulillah）；驚訝的時候則說「這是安拉的

作為啊！」（Mashallah）

也有人的額頭上出現了「祈禱繭」，因為每次做禮拜時額頭都壓在地上的關係，那個部位變成類似黑痣一般的硬痂。

搭上計程車，音響中傳來的是古蘭經詠唱，巴士上也有人虔誠地背誦著古蘭經。

可是，即使沒有宗教信仰，人們還是可以生存，還是可以過得很幸福不是嗎？

或許是這樣沒錯。

自從我跟一位游牧民族女性賽達一起生活後，我才開始隱約理解宗教本身所擁有的意義。

開羅平民街道的巷子裡，在郊外農村飼養山羊的人，
經常來到這裡放牧。

女性獨自在沙漠生活

二〇〇三年我遇到了她，詳細的故事內容請務必參閱我的拙作《女性游牧民族獨自在沙漠中生活》（女ノマド、一人砂漠に生きる）。

她居住在尼羅河東畔的東方沙漠，從開羅往南走大約四〇〇公里的地方。夏季正午溫度高達四十五度，冬天也會降雪。

她在那裡牽著七頭駱駝過著游牧生活，行李只帶了一頭駱駝能夠承載的量。其他游牧民族幾乎都捨棄了沙漠生活，在定居地從事服務觀光客的工作。因為自從一九九七年以後幾乎沒有降雨，長不出草來供家畜食用的關係。儘管如此，她還是堅持待在她喜愛的沙漠中。

她每天的食物都是麵包和紅茶，非常難得才能取得蔬菜和水果。她使用枯木作為燃料，飲用泉水，夜晚藉著月光烤麵包，接著在滿天星斗之下進入夢鄉。

從出生到現在，她從來沒有在房子裡生活過，也沒有帳篷。因為把帳篷搬到駱駝上是一件很累的事。

為了跟沒有手機的她見上一面，我循著殘留在沙漠中的足跡前進。由於足跡常常會被風吹散，也曾經發生過不知自己身在何處，當天只好在沙漠中過夜的狀況。

一位女性，而且是身高一百四十公分左右的嬌小老太婆，牽著七頭駱駝，獨自一人在沙漠中生活著！

是的！我就是對這個事實感到萬分震驚。

更加吸引我的是她那幽默的個性。「小孩一個接著一個生出來，每生一個身上的奶就被吸光，營養都被小孩吸走了，所以現在牙齒都掉了！」她一邊這麼說，一邊讓我看她那已經完美脫落的門牙，大聲笑了起來。當下，完全打碎了一直以來我對伊斯蘭女性的印象。

緩和悲傷的智慧

接著，讓我印象深刻的是她的虔誠信仰，那是宛如「與安拉同在」的生活方式。睡覺的時候直接躺在地面上，她說：「因為沙是安拉創造的東西，相當美麗。」沙漠中也有毒蛇出沒，如果被咬會因此喪命，但是她說：「因為安拉與我同在，不用擔心。」十六歲結婚，在沙漠中陸續生下九個孩子，針對這件事她說：「因為安拉一直守護著我，所以我不怕。」

她每天固定進行五次禮拜儀式，每次祈禱三十分鐘。她說：「因為在鎮上要做的事情太多了，沒時間靜下心來祈禱。」

為什麼要祈禱這麼多次呢？

剛開始我完全無法理解，因為我認為祈禱只是一種「不具生產性的行為」罷了。這樣不是很麻煩嗎？好好睡個午覺，或是利用駱駝的毛進行編織，都比祈禱還要有意義不是嗎？

日復一日，置身在除了沙子、泥土和空氣以外什麼都沒有的空間，只是重複做著「吃飯、睡覺、起床」這種單調的日子，看著她那種祈禱與生存直接連結的生活方式，資質駑鈍的我終於理解了。

信仰是心靈的支柱。

只要鏡頭一對著她，賽達就會擺出奇怪的表情，配合度相當高！
她的頭上戴的是南非劍羚（長鬃山羊之一）的頭蓋骨。

沙漠中的生活隨時都在與死神搏鬥，如果來到泉水邊發現沒有水的話，就有可能渴死，也可能被飼養的駱駝咬傷而一命嗚呼。短暫的降雨，也有可能彙集成洪水，不僅家畜全數都被沖走，自己也可能會被洪水帶走。

在這之中「安拉守護著我」這樣的信仰，帶來了多麼強大的安心感以及心靈的救贖啊！

在這之前，雖然我知道伊斯蘭世界有「一天進行五次禮拜」「一年之中有一個齋戒月」這些規定，但是我其實不理解宗教帶給人們的意義。

在生存之上，擁有信仰究竟是怎麼一回事？

另外還有一件事，讓我思索宗教有它所擁有的意義，那是賽達最小的兒子過世時的事。

他走在柏油路上，被後方來車撞到而身受重傷。雖然立刻被送到鎮上的醫院，但三天後還是不幸離開人世。

事故發生時，家族和親戚都設法通知賽達，但是她一直在移動而且身上沒帶手機，根本沒有人能夠聯絡到她。因此，她也來不及見兒子最後一面。

後來，針對兒子的死她是這樣對我說的。

「那個孩子的死亡是安拉決定的，他現在已經在天國了。」

當身邊親近的人過世時，穆斯林認為那是「蒙受安拉的恩召前往天國」，他們以這種方式接受死亡。

悲傷這件事的本質並沒有改變，重要的人死去帶來了無盡的空虛感。但是，由於他們相信後世，認為「當自己前往天國的時候可以再度相見」，所以死亡變得不再是永遠的別離。

不只是死亡這件事，活在世上有很多無法從心所欲的事情。一直不下雨、家畜飼養不如預期等等。即使是這樣，只要想著「這是安拉所期望的」就能讓自己欣然接受。「向安拉期盼的話，一定會下雨。」這麼想心情也跟著輕鬆了。

或許，把一切都歸咎於安拉，是個很方便地想法。

但是在這之中，能夠稍微緩和所有人為了活下去都必須面對的悲傷與痛苦，我認為這就是人類的智慧所在。

在放牧駱駝的途中，進行禮拜的賽達。

即使在沒有任何標示的沙漠中，她依然不會弄錯麥加的方位。

從伊斯蘭社會看日本

為什麼伊斯蘭世界的自殺比率很低？

身為穆斯林的朋友是這麼說的，「日本人應該認為中東總是陷入戰爭，是很危險的地方吧！但是日本每年有三萬人自殺，這不是等同於日本人互相殺害對方嗎？我一點都不覺得日本是個安全的國家。」

換句話說，在伊斯蘭教世界自殺是很少見的。因為自殺的話，必須下地獄。古蘭經中提到〈你們不可以自殺。〉（《日亞對譯古蘭經》第3章145節）接著又寫道〈誰故意殺害一個信徒，誰就要受火獄之刑，並且永居其中。〉

聖訓則是這麼說的。

〈以金屬利器自殺者，將在地獄之火裡永遠手執金屬利器刺向自己的腹部。引毒劑而自殺者，將在火獄裡永遠手捧毒劑而飲。從高山跌下而自尋死亡者，將在火獄裡永久跌個不停。〉（穆斯林的聖訓）

還有，如果遇到痛苦的事情可以歸咎於安拉。即使是工作上的失敗，只要想成「因為安拉是這麼想的」就不會陷入自怨自艾。

緊密的家族親戚關係也能成為心靈上的救贖吧！我認識的孟加拉人是這麼對我說的。

「雖然孟加拉和日本相比非常貧窮，但是自殺的人很少。因為家族和親戚之間的關係很親密。」如果有人生活困苦，大家就會出手相助。雖然社會保障明顯不足，但親戚之間互相幫助彌補了這個部分。

在伊朗的時候，我曾經到沒有孩子的退休夫妻家中拜訪，詢問他們是否對未來感到不安？結果他們夫妻口徑一致地回答：「安拉與我們同在，不用擔心。」安拉在身邊守護，是他們的救贖。而且，所有人都深信「只要做善事就可以前往天國」「在天國永遠過著幸福快樂的生活」，因此獲得安心感。

日本人因為沒有如此深信不疑的信念，所有人都隱約對未來抱持著不安。所以看了電視上的健康節目後，購買高價的健康食品和營養補給品；聽說「不確定能否領到年金」於是聽從金融機構的勸說，購買高風險性的投資型商品，甚至變成煽動不安情緒的買賣受害者。

八〇年代一位知名作家在著作中寫道，「雖然有些人年老後選擇依賴宗教，但是我並沒有這種打算。畢竟宗教是人類創造出來的。」

或許真是如此，但也沒有人知道究竟世界上神是否真的存在。

可是我認為，這麼一來，相信神存在的人比較得利不是嗎？相信「安拉與我同在，後世可以到天國過著永遠幸福快樂的生活。」和「不知道死了之後會變得如何」而懷抱不安活下去的人，哪一種人比較幸福呢？

或許宗教是人類創造出來的，但那就是為了能夠心安理得存活下去的智慧結晶啊！

伊斯蘭教「重男輕女」，日本是「男女平等」？

相信也有很多人認為「伊斯蘭教是重男輕女的宗教」對吧？

如果消除男性和女性之間的差異稱為平等，伊斯蘭教很難稱得上是男女平等。

在伊斯蘭教中，認為「男性和女性是不同的」，各自在擅長的領域中扮演好自己的角色，這樣的生存方式比較輕鬆。「因為男性的力量比女性的大，所以男性負責去工作。」這是安拉所決定的。女性則以「沒辦法，因為安拉是這樣決定的」而接受這項事實。因為「不用趕上擠滿人的電車比較好」，所以讓男性外出工作，自己輕輕鬆鬆地過日子，這就是某種層面上伊斯蘭教女性的生存方式。男性真是辛苦啊！在日本，男性還可以選擇當「小白臉」，但是在伊斯蘭世界裡沒有這個選項。

當然，女性也會外出工作，可能是為了幫助家計，也可能是為了從事自己想做的工作，但絕對不是為了「自立」。為了確保經濟能力，女性一個人也可以活下去，她們沒有那樣的想法。對穆斯林而言，擁有家族才擁有人生。

要兼顧工作和家庭，卻不必像日本這麼辛苦，辦公室大概下午兩點就下班了。或許他們會因此遭受「都是因為這樣經濟才無法發展！」這樣的批評，但是對伊斯蘭教的人們來說，家庭比起工作更為重要。

日本存在的男女平等問題在於「女性配合男性」這一點，爭論著應該也要有「男性配合女性」這樣的選項才是。據說，歐洲各國有許多國家都是如此處理男女平等問題的。因為走夜路比較危險，所以男性要在天黑之前離開公司，或是為了趕上家人團聚的時間，所以得在傍晚六點離開辦公室。

但是，如果這麼做的話經濟便無法發展。對經營者來說，可以比照男性工作的員工越多越好。於是就出現了「女性也在外工作才是男女平等」、「透過工作達到自我實現」等說法來加以掩飾並將其正當化。最後，女性對於比照男性工作這件事也就不疑有他，即使是工作到深夜，不論平日或假日都毫無怨言。

可是如果工作上講求平等，家事也應該講求平等才對，但事實卻不然。「家事和照顧小孩是妻子應該做的事」日本這樣的想法根深蒂固。很多女性不僅要在完整工時內工作，還必須努力做家事和照顧小孩，似乎「日本女性是全世界女性之中睡眠時間最短的」說法，也就出現了。

女性，背負著痛苦生存著

除了被要求要比照男性工作，女性在現在這個時代，必須要談戀愛，還必須要有婚前性行為。

可以自由地談戀愛和發生性行為，這樣不是很好嗎？以前我也是這麼想的。

但是，比方說已經交往三年的男女，女生心中想著「可能會結婚吧？」的時候，男生卻移情別戀說：「我愛上其他女生了，我們分手吧！」這種狀況比比皆是。

這時女性會很煩惱。書店裡陳列著一整排使用粉紅色或紅色裝訂的戀愛散文作品，內容包括受人歡迎的訣竅、順利結婚的訣竅、如何讓正在交往的男友向妳求婚？等等，證明許多女性都有這方面的煩惱。

在伊斯蘭教社會中很少有這類煩惱。如果男生沒有承諾願意結婚的話，別說是接吻了，連女生的手都握不到。「自由戀愛」下男生不需要負責，這只是一個滿足性慾的制度罷了。

但是不知為何，越是在工作上表現突出的女性，越是對心儀的對象躊躇不前。

見過幾次面感覺還不錯，想問「我們在交往嗎？」卻開不了口，扭扭捏捏的。雖然已經交往兩年，他有打算要結婚嗎？如果這麼問的話好像會被認為是個「麻煩的女人」……

雖然我很想問「為什麼要這麼卑微呢？」因為過去的我也是這副德性，實在沒有立場指責別人。以前母親曾經對我說過「不可以對男生表現得太卑微」這樣的話，如同伊斯蘭教社會一樣，但是在日本這樣的說法已經落伍了。

和伊斯蘭教女性相比，我認為日本女性最欠缺的決定性要素，就是那份自豪。日本女性壓根覺得展現出自己真實的面貌，是無法被喜愛的。女性一直都是被別人欣賞的，必須向不特定多數男性展現自己的性魅力，要不斷推銷自己才行。比起內在，外在的樣貌才是評價的重點項目。如果年輕女性的鼻子很塌，眼睛很小的話，小小的心靈就會受到摧殘。

可是，伊斯蘭教女性不需要如此煩惱流行或外表，在大部分場合裡，只要圍上頭巾就可以解決了。

無法展現自己的美貌不是很無聊嗎？美貌只給心愛的人看就好。

在日本，也有很多生存選項，戀愛是自由的，結婚和工作也是自由的。如果有人說「比起結婚，工作更重要」的話，我們會覺得「嗯！說得也是。」某一本書上寫著「不結婚就是敗犬」，覺得「這麼說也有道理」；「單身貴族」這個詞流行之後，又覺得「果然還是一個人比較自在」。女人心還真是海底針。

伊斯蘭教女性有著宗教這個生存的重心，結婚是安拉的命令，所以順應來自周遭的壓力，立刻生小孩。硬是要說這樣到底自不自由的話，確實是不自由，但是相對的煩惱也少了。

有研究結果指出，選項很多會變得不幸福。因為做出決斷之後會因為「應該還有其他選擇吧！」而感到煩惱。古代的日本女性也曾經只有「到了一定年齡就必須結婚進入家庭生育小孩」這個選項。如今，要不要結婚是個人的自由，是否辭掉工作回家帶小孩也是個人的自由。也因此出現了「如果當時不結婚繼續工作的話……」「如果當時結婚的話……」這些事後的煩惱。

為什麼不結婚的人增加了？

二十四歲左右的時候，我曾經被母親半推半就的到婚姻介紹所進行登錄。很不湊巧，當時完全對結婚沒有興趣，沒有參加任何活動自然而然就退會了。現在回想起來真的覺得很浪費，「不久之後自然而然就會找到對象了」這種毫無根據的想法實在是太天真了。沒有任何魅力的女生，要靠自己的力量找到結婚對象，並不是這麼簡單的事情。（啊！如果當時認真參加活動的話，說不定現在我已經是五個孩子的媽了……）這些過往，現在也只能追憶。

以前，雖然認為「結婚還早」，但總被周圍多管閒事的人硬逼著去相親；雖然覺得「沒有真實感」但還是順應潮流結婚。可是到了現代，即使是看似無緣結婚的人，也可以透過相親這種方式結婚，而且對於不受歡迎的人來說，這似乎是個很好的時代。

現在，如果在公司裡上司對你說「不打算結婚嗎？」可以告他性騷擾。而且，在網路上滿足性慾也很簡單，就算不結婚也可以自由地發生性行為。這個時代，對異性以及對結婚的「感謝」已經變得很淡薄了。到了這個地步，或許只能像伊斯蘭教那樣，設定「結婚的話就可以到天國」這種積分獎勵來達到結婚的目的。

話說回來，我在三十五歲之前也完全沒打算結婚。奇怪的是，我變得常常跑到伊斯蘭教世界去。當地和日本比起來大多是貧窮的國家和區域，娛樂也很少。每天的樂趣就是生小孩，全家人聚在一起，但是在他們快樂的表情中，似乎沒有任何疑問、不安或怨嘆，真的充滿了活力。

日本表面上看起來很富足，娛樂也很多，有著世界各國的美食、溫泉、電影、小鋼珠、酒吧和俱樂部……

這時我突然注意到，這些娛樂幾乎都是消費，全部都是使用金錢換來的樂趣。

生小孩這件事，是打從太古時代延續至今的人類活動。為什麼人類不會滅絕一直延續到現在？追根究柢，就是因為享受性生活和生兒育女這件事不是嗎？這就是人類最根本的期待和喜悅不是嗎？

工作、地位、名譽、金錢，老實說都沒有滿足人類。女人透過男人，男人也必須透過女人獲得滋潤，並湧現生存的喜悅。

但是我覺悟的時間太晚了。如果二十四歲的時候注意到這件事，我現在已經是五個孩子的媽媽了呢！

人，得活得像人

為什麼世界上伊斯蘭教的信徒持續不斷增加？如同本書到目前為止所介紹的內容，伊斯蘭教認為活著是一件快樂的事，這是讓人幸福的教義。

即使失敗了，也不會過度責怪自己。勸說信徒要關懷老人、窮人和女性等弱者，並且對雙親和善。

男女之間是互相吸引的，他們認為在一起是好的，可以從中獲得平和與溫暖。

因此在伊斯蘭教的世界，家人和家庭一直都處於生活的中心。比起汲汲營營在工作上，和家人度過輕鬆的時光顯得更為重要。人的寂寞感可以從中得到慰藉，也可以得到心靈的平和。

因為站在人是脆弱的這個出發點，自覺到任何人都必須面對自己的弱點，並且透過他人的支持才能存活下去，所以積極地對弱者伸出援手。人與人之間的交流是喜悅的，有著對他人將心比心的心靈空間。身為人的「理所當然」，依舊存在於伊斯蘭教的世界裡。

日本將價值觀放在戰後經濟成長，往完全不同的方向前進。戰後貧窮的時候，將補充物資和金錢視為最優先也是無可厚非的。

但是時至今日，社會依然沒有改變，尚未完全脫離同樣的價值觀。一天工作十個小時以上，通勤時間超過兩個小時，幾乎沒機會看到孩子的臉，社會已然發展成為這種非人性的狀態。

可以緩和寂寥與孤獨的家族關係，連結和羈絆變得非常貧弱，對老年之後的生活感到不安、過勞死、自殺、晚婚少子化等，衍生層出不窮的問題。很多人對於「何謂幸福？」「何謂真正的豐饒？」感到煩惱，不斷地追尋卻又不得其道。

幸福和豐饒的定義因人而異，沒有正確的答案。但是為工作所苦而自殺，持續加班連跟家人對話的機會都沒有，這些狀況絕對稱不上是豐饒。

有一則聖訓說〈真正的豐饒不是指物品很多，而是心靈的富足。〉

金錢只要足以維繫生活就夠了。更重要的是，與家人和朋友一同度過放鬆的時間，充分感受到快樂和心靈平和，才是豐饒的條件之一。人與人之間是有空間存在的。讓我注意到這一點的，對我來說就是伊斯蘭教，以及信仰這個宗教的人們。

我並不是說工作一點都不重要，也不認為每個人都必須結婚。但是，如果對自己的工作方式和現在的生活感到不滿的話，就應該重新檢視自己存活在世界上，究竟什麼事情才是最重要的？

其中一個線索，我認為應該就是伊斯蘭教。

攝於伊朗的清真寺。

結語

每當我從伊斯蘭教世界回到日本，總是鬆了一口氣。

從飛機和電車的窗戶可以看到豐富的綠蔭。

人與人之間保持適當的距離，不會雞婆地第一次見面劈頭就問：「為什麼抛下丈夫一個人旅行？」「為什麼沒有生小孩？」這些事情。

我本來就是很隨興而且不擅長配合別人的人，處在一直不讓我擁有獨處時間的伊斯蘭教人群之中，常常會感到呼吸困難。

但是，究竟是為什麼呢？

當我回過神的時候，我又踏上前往伊斯蘭教國度的旅程。

在那裡，人們的心是溫暖的，不管再怎麼近代化，依舊沒有喪失人與人之間的倫理。

比起書本，我從活生生的穆斯林身上學到了更多東西。

二十歲的女生一臉認真的說。

「結婚的時候要將全身上下的毛髮剃光，因為聖訓是這麼寫的。」

「每天都要祈禱，這麼一來，真主阿拉會感到喜悅。」

雖然我覺得伊斯蘭教有蔑視女性的部分，但是大部分女性都在伊斯蘭教中找到生存的指南。

是什麼在引導著她們？

我希望透過本書盡可能描述這股魅力。

有一群人以伊斯蘭教和真主安拉以及古蘭經作為生存的重心，透過全然不同於日本的價值觀存活在世界上。

我對此感到震驚，心神嚮往，另一方面又感到無比稱羨。

他們存活的世界，有著一個堅定不變的心靈據點。

最後，我想對執筆撰寫本書之際，引導我理解伊斯蘭教的眾多伊斯蘭教朋友們表達謝意。慶應義塾大學的艾哈邁德・阿卜杜拉先生提供我許多寶貴的建議，在此表達深深的謝意。

我不是虔誠的伊斯蘭教徒，也不是學者，卻同意讓我撰寫這本書，對於做出如此大膽決定的光文社三野知里小姐也由衷地感謝。如果沒有她的鼓勵，我實在沒辦法完成這本書。

接著，我最想要感謝的是我的家人，他們總是在背後支持這個宛如斷了線的風箏一般，旅居在中東遊手好閒的我。

期盼各位可以擦去對伊斯蘭教社會既有的恐怖攻擊與戰爭等印象，有更多人願意踏上前往伊斯蘭世界的旅程。

常見藤代

參考文獻

《古蘭經》（コーラン上・中・下）井筒俊彥譯／岩波文庫
《日亞對譯 古蘭經「付」譯解與正統＋讀誦注解》（日亜対訳 クルアーン――「付」訳解と正統十読誦注解）中田考監修、黎明伊斯蘭學術・文化振興會編集／作品社
《聖訓》（ハディース1～6）牧野信也譯／中公文庫
《岩波伊斯蘭教辭典》（岩波イスラーム辞典）大塚和夫等5人著／岩波書店
《伊斯蘭世界字典》（イスラーム世界字典）片倉もとこ編集／明石書店
《伊斯蘭文化 存在於根源的東西》（イスラーム文化 その根柢にあるもの）井筒俊彥著／岩波文庫
《「古蘭經」所訴說的伊斯蘭教》（「クルアーン」語りかけるイスラーム）小杉泰著／岩波書店
《伊斯蘭教的原點「古蘭經」與「聖訓」》（イスラームの原点〔コーラン〕と〔ハディース〕）牧野信也著／中央公論社
《伊斯蘭教與古蘭經》（イスラームとコーラン）牧野信也著／講談社學術文庫
《聖典「古蘭經」的思想 伊斯蘭教的世界觀》（聖典「クルアーン」の思想 イスラームの世界観）大川玲子著／講談社現代新書
《活在現代的伊斯蘭教婚姻論 安薩里的「婚姻作法之書」譯註・解說》（現代に生きるイスラームの婚姻論 ガザーリーの「婚姻作法の書」訳注・解説）青柳薫著／東京外國語大學亞洲・非洲言語文化研究所
《伊斯蘭的日常世界》（イスラームの日常世界）片倉もとこ著／岩波新書
《伊斯蘭世界的人們（1）總論》（イスラム世界の人びと（一）総論）上岡弘二編集／東洋經濟新報社

《伊斯蘭——療癒的智慧》（イスラム——癒しの知恵）內藤正典著／集英社新書
《近代・伊斯蘭的人類學》（近代・イスラームの人類学）大塚和夫著／東京大學出版會
《活在伊斯蘭教中的人們》（イスラムを生きる人びと）川上泰德著／岩波書店
《閱讀伊斯蘭教》（イスラームを読む）小杉泰著／大修館書店
《為日本人而寫的伊斯蘭教原論》（日本人のためのイスラム原論）小室直樹著／集英社國際
《伊本・巴圖塔的世界大旅行》（イブン・バットゥータの世界大旅行）家島彥一著／平凡社新書
《伊斯蘭教世界》（イスラーム世界）片倉もとこ編／岩波書店
《伊斯蘭教聖者》（イスラム聖者）私市正年著／講談社現代新書
《乞食與伊斯蘭教》（乞食とイスラーム）保坂修司著／筑摩書房
《伊斯蘭教復興與性別》（イスラーム復興とジェンダー）嶺崎寛子著／昭和堂
《伊斯蘭教社會的性與風俗》（イスラム社会の性と風俗）Abdelwahab Bouhdiba 著／桃源社
《伊斯蘭教與服飾》（イスラムとヴェール）中西久枝著／晃洋書房
《伊斯蘭教與女性》河田尚子編著／國書刊行會（イスラームと女性）
《認識伊斯蘭教的32章》（イスラームを知る32章）Ruqaiyyah Waris Maqsood 著／明石書店
《更加了解巴基斯坦》（もっと知りたいパキスタン）小西正捷編集／弘文堂
網路版・日譯穆斯林聖訓實錄／日本穆斯林協會（ウェブ版・日訳サヒーフ・ムスリム／日本ムスリム協会）

伊斯蘭式幸福

イスラム流　幸せな生き方
世界でいちばん　シンプルな暮らし

面紗與頭巾下的真實日常，世界上最純粹的生活信仰

作者	常見藤代	Fujiyo Tsunemi
翻譯	康逸嵐	Eilan Kang
責任編輯	蔡穎如	Ruru Tsai, Senior Editor
封面設計	兒日設計	Childay
內頁編排	申朗創意	Chris' Office
行銷企劃	辛政遠	Ken Hsin, Marketing Executive
	楊惠潔	Gaga Yang, Marketing Executive
總編輯	姚蜀芸	Amy Yau, Managing Editor
副社長	黃錫鉉	Caesar Huang, Deputy President
總經理	吳濱伶	Stevie Wu, Managing Director
首席執行長	何飛鵬	Fei-Peng Ho, CEO

出版　創意市集
發行　英屬蓋曼群島商家庭傳媒股份有限公司城邦分公司
Distributed by Home Media Group Limited Cite Branch
地址　104 臺北市民生東路二段 141 號 7 樓
7F No. 141 Sec. 2 Minsheng E. Rd. Taipei 104 Taiwan

讀者服務專線　0800-020-299 周一至周五 09:30 ～ 12:00、13:30 ～ 18:00
讀者服務傳真　(02)2517-0999、(02)2517-9666
E-mail　創意市集 ifbook@hmg.com.tw
城邦書店　城邦讀書花園 www.cite.com.tw
地址　104 臺北市民生東路二段 141 號 7 樓電話
(02) 2500-1919　營業時間：09:00 ～ 18:30

ISBN　978-957-9199-45-2
版次　2019 年 6 月初版 1 刷
定價　新台幣 350 元／港幣 117 元

製版印刷　凱林彩印股份有限公司

香港發行所　城邦（香港）出版集團有限公司
香港灣仔駱克道 193 號東超商業中心 1 樓
電話：(852) 2508-6231
傳真：(852) 2578-9337
信箱：hkcite@biznetvigator.com

馬新發行所　城邦（馬新）出版集團
41, Jalan Radin Anum,Bandar Baru Seri Petaling,
57000 Kuala Lumpur,Malaysia.
電話：(603)9057-8822
傳真：(603) 9057-6622
信箱：cite@cite.com.my

伊斯蘭式幸福：面紗與頭巾下的真實日常，世界上最純粹的生活信仰 / 常見藤代著 . --　初版 . -- 臺北市：創意市集出版 ： 家庭傳媒城邦分公司發行， 2019.06
面；　公分 --
譯自：イスラム流 幸せな生き方 : 世界でいちばんシンプルな暮らし

ISBN 978-986- 9199-45-2 (平裝)

1. 伊斯蘭教　2. 中東

735　　108002598